范婧 著

新经济环境下

基础会计理论与发展研究

中国商务出版社

CCTP

CHINA COMMERCE AND TRADE PRESS

图书在版编目(CIP)数据

新经济环境下基础会计理论与发展研究/范婧著
. --北京:中国商务出版社,2019.10
 ISBN 978-7-5103-3095-7

 Ⅰ.①新⋯ Ⅱ.①范⋯ Ⅲ.①会计学-研究 Ⅳ.
①F230

中国版本图书馆 CIP 数据核字(2019)第 216769 号

新经济环境下基础会计理论与发展研究

XINJINGJI HUANJING XIA JICHU KUAIJI LILUN YU FAZHAN YANJIU

范 婧 著

出　　版:中国商务出版社
地　　址:北京市东城区安定门外大街东后巷 28 号
邮　　编:100710
责任部门:职业教育事业部(010-64218072　295402859@qq.com)
责任编辑:周　青
总 发 行:中国商务出版社发行部(010-64208388　64515150)
网　　址:http://www.cctpress.com
邮　　箱:cctp@cctpress.com
照　　排:北京亚吉飞数码科技有限公司
印　　刷:北京亚吉飞数码科技有限公司
开　　本:787 毫米×1092 毫米　1/16
印　　张:13.25　字　数:237 千字
版　　次:2020 年 3 月第 1 版　　2020 年 3 月第 1 次印刷
书　　号:ISBN 978-7-5103-3095-7
定　　价:65.00 元

前　言

　　会计理论框架体系是支持和指导各种经济体制下各个行业会计实践的主要基础所在,可以说,随着市场经济环境的变化,会计理论也产生了变革。在经济环境演变发展的过程中,人们对于会计理论的认识从无到有,从粗放到精细。随着科学技术的发展以及国际经济环境的变化,目前会计理论呈现出了一定的变革。首先,新经济环境推动会计对象的变化。其次,新经济环境下会计目标发生变革。

　　在新的市场经济环境下,会计信息反映出了企业的财务状况和经营成果,因此对于一个企业的发展起着重要的作用。国内外会计学者、会计从业人员逐渐意识到了这一点,这进一步推动了财务会计相关理论框架的研究和创建。在当前的经济发展背景下,会计理论的研究数量多、范围广,而针对经济环境与会计理论发展的相关性研究主要侧重于会计理论的发展脉络层面。未来的经济环境是朝着规范化、信息化和金融化的趋势发展的,特别是未来金融市场将会不断完善,推动各种交易手段的创新和交易技术的丰富化发展,这终将会对会计发展带来一定的变化。

　　为了适应市场经济和现代企业制度发展的需要,以及满足 21 世纪对高素质人才的要求,投资者、债权人、证券公司、国家税务监管机构、企业的管理人员等与企业有关的各方面人员都需要了解一些基础的会计知识。对于非会计专业的学生来讲,适当地了解一些会计的基础知识,对于他们在市场经济的环境中充分利用会计信息资源、发挥综合优势、增强工作中的竞争力将会产生有效的促进作用。因此,笔者精心撰写了《新经济环境下基础会计理论与发展研究》一书,以期为人们了解会计理论的基本知识和发展情况提供帮助。

　　本书共九章。第一章会计的基本理论介绍了会计的演变与发展、相关概念、智能、目标、要素和科目。第二章会计记账及账务处理论述了会计记账方法和借记记账法下经济业务的账务处理。第三章会计凭证与会计账簿分析了会计凭证和会计账簿。第四章财产清查首先概述了财产清查,然后介绍了存货的盘存和财产清查的方法及结果的处理。第五章财务会计报告主要分析了财务会计报告的报表和决策。第六章纳税会计与申报探讨了流转税、财产税、所得税、资源税的纳税会计与申报。第七章会计工作组织研究了会计机构和岗位责任制度、会计工作人员、会计档案管理。第八章会计工作规范与质量保障体系主要解释了会计工作质量的法规保障、组织保障、信息载体保障。第九章会计的信息化发展简介了会计信息化，分析了会计信息系统的开发与应用，探讨了大数据和人工智能技术对会计信息化发展的影响。

本书涵盖了会计原理、财务会计和纳税会计的基础知识，在编写过程中，特别重视会计与企业实务的紧密联系。在各章节中，由浅入深地介绍了会计基本概念和基本方法的应用。书中所涉及的会计核算方法、制度规定，全部符合中国现行的法规制度，从而有利于读者了解我国会计工作、会计管理的现状和法律依据。

为确保本书的准确性与科学性，作者在成书过程中参阅了大量文献和专著，并引用了部分专家和学者的观点，在此一并表示感谢。因写作水平有限，书中难免有错误和疏漏之处，还望广大读者批评指正。

作　者

2019 年 8 月

目　录

第一章　会计的基本理论

进行会计理论研究,首先要明确的是会计理论这个首要的问题。在会计发展的进程中,有相当长的一段时间,会计被人们只认为是一门"技艺"。后来随着社会的发展,经济活动的日趋复杂化,人们对会计的认识虽然有所加深,但它仍然被认为是一种"应用技术",无理论可言。方法也必然有方法的理论,正如现在就有许多研究方法的科学。没有会计,就不可能有市场经济和现代企业制度。情况还在不断变化,它也需要新的会计理论的诞生。因此,在当今时代,会计理论研究工作者有着广阔的发展空间。本章就具体阐述会计的基本理论。

第一节　会计的演变与发展

通过对会计发展历史的梳理,我们可以更清楚地理解会计发展的现状,并预测会计未来发展的方向。会计的发展标志是会计技术方法的更新和改进。会计发展的历史可分为古代、近代和现代三个部分。

一、古代会计的发展

古代会计一般是指从旧石器时代的中、晚期到封建社会末期的这段时间的会计。古代会计运用的方法主要包括原始计量记录法、单式簿记法和初创时期的复式簿记法。

(一)原始计量记录

随着人类生产行为的发展,人类原始计量记录行为便发展起来了。这种原始计量记录行为是社会生产发展到一定阶段的产物。

有证据显示,大约在 30 万年以前,也就是旧石器时代的中、晚期,人类就发明了原始计量记录方法。那时的人们为了使剩余产品的生产、分配和储备井然有序,就在山洞内描绘动物图像,在骨片和鹿角棒上刻画条痕。

在旧石器时代,人类以打制石器为主,后来人类便逐步进入新石器时代,以磨制石器为主。随着生产力提高到一个新的高度,大量的剩余物品需要被分配、储备和消费,于是人们就不得不对这些问题进行思考。在了解了数目的一些概念之后,人们就逐渐发明出了一些符号和表现方法。这种初步进展之后的原始计量记录法在世界各地大致有绘图记事(数)、刻记记事(数)和结绳记事(数)等几种表现形式。

在距今约 5 000 年的漫长历史中,那是旧石器时代的中、晚期到原始社会末期的一段历史,人类所采用的原始计量记录法只是用来做统计的一种行为和方法,而不是一种单纯的会计行为和会计方法。从这一点可以看出与统计相关的一些学科的发展脉络。直到奴隶社会发展到了旺盛的时期,才出现了严格的独立意义上的会计特征。所以,原始计量记录行为和方法只是会计发展的萌芽阶段。

(二)单式簿记

奴隶社会和封建社会的基本运行机制是私有制,人们比较关注的是如何最大限度地保护自己的私有财产,乃至于进一步扩大私有财产。这不仅需要建立在奴隶制和封建制的生产关系的基础之上,还需要以科学的计量记录方法为前提条件。这种形势就促使了单式簿记法的出现。单式簿记的方法体系由会计核算项目、账簿设置、记录方法、会计凭证、结算方法以及会计报表等具体方法组成。

在了解上述各种具体方法之前,有必要先对"簿记"和"会计"这两个概念加以区分。

"簿记"最早出现在日本,在明治维新时,日本人将欧美会计中的 Bookkeeping 一词直译过来,赋予其账簿记录、准确登记账簿和管理账簿的意思。我国从日本引进时亦沿用了"簿记"这种译法,在宋代也把账簿称作"簿记"。

随着时间的流逝,"簿记"与"会计"(Accounting)之间的关系也在发生变化。在 19 世纪 50 年代以前,会计和簿记(Bookkeeping)是同一个事物,而在此以后簿记则逐步变成了会计的记录部分。因为在古代,会计主要指对收支业务的记录与计算。19 世纪 50 年代以后,会计的理论扩展了,会计的方法、技术也提升了,簿记进而变为会计的记录部分。另外,会计逐渐变成了包括成本会计、会计报表分析、货币计价(估价)的方法和审计等在内的一个大的体系。

在我国的西周时期,"会"和"计"是分开来用的。清朝著名的数学家、经学家焦循在《孟子正义》一书中这样解释会计："零星算之为计,总合算之为会。"然而,在世界上,在奴隶社会的鼎盛时期就已经产生了会计。

单式簿记的方法有以下六种。

(1)核算项目。在奴隶社会和封建社会,会计分为官厅会计和民间会计。其中,官厅会计是按照国家财政项目进行分类分项核算的,并未像现代会计这样设置了多种会计科目;民间会计是按人名、物名和各收支项目进行分类分项目核算的。

(2)账簿设置。账簿设置的方式因国家的不同而有所不同。

在我国古代的夏、商王朝,仅采用一种综合性账簿,其中没有项目的分类,没有总括与明细的分类,只是根据时间来记录,因此被称为"流水账"。这还不是正规的流水账,只是起到了一种凭证的作用。到了西周直至明清时代,"三账"才产生,指"草流""细流"和"总清"。其中,草流主要是在一种紧急的状态下,起到原始凭证的作用;细流是在草流的基础上整理而成的,类似于现代的明细分类账;总清又是在细流的基础上整理而成的,相当于总分类账,一般一张账页记录一个项目。

在古埃及,日记账是主要形式。在古希腊,流水账是主要形式。在古罗马,备忘录、日记账和总账都有。在古印度,流水账和分类账是两种主要的形式。在14世纪到15世纪的德国,"三账"、分项核算和损益账簿是三种主要的记账形式;此时的法国有了分录账和总账。在中世纪的意大利,账簿设置飞速发展,为借贷复式簿记的产生奠定了基础。

可见,在世界上,最早的账簿就是以序时记录为主要特征的流水账,它是其他账簿赖以产生的基础和条件。各国的会计大都经历了"三账"的设置时期,这为复式簿记账簿组织体系的建设提供了厚实的条件。

(3)记录方法。记录方法包括文字叙述式会计记录法和定式简明会计记录法两个时期。

世界上各个国家在会计记录中都曾运用过文字叙述的方法。那时候,人们在记录账目的过程中不用遵循规则,一般都用较长的语句来表达,力求叙述得详尽。这种方法在我国的存续期间为商代至春秋战国时期。

在会计记录中,定式简明的方法需要遵循一定的格式,要求语言表达简洁扼要,准确地运用各种数字,统一将记账符号置于每句的起始位置。这种方法在我国的存续期间为秦汉至明清时代。

(4)会计凭证。我国单式簿记的会计凭证分为前期的经济凭据运用阶段和后期的原始凭证运用阶段。国外也是如此,在奴隶社会,主要处于经济凭据的运用阶段;在中世纪,主要处于原始凭证的运用阶段,但是凭证的格式、内容、填制方法、保管程序一直在发展,凭证已成为会计人员登记人名账户的重要依据。

（5）结算方法。结算是整个单式簿记中很关键的一部分。在中国，结算方法从盘点结算法、三柱结算法一直演变为四柱结算法。

从原始社会末期至商代，主要是盘点结算法的运用时期，它是通过盘点库存实物从而得到各类财物本期保存数量。

从西周到中唐，主要是三柱结算法的运用时期，它是用"本期收入－本期支出＝本期结余"的公式，得出本期财产物资的变化。

从中唐到清末，主要是四柱结算法的运用阶段，其基本公式是"旧管＋新收－开除＝实在"。在借鉴世界会计方法的基础上，中式会计发展出了四柱结算法，它对世界范围内的会计核算有着深远的影响。

国外会计同样经历了盘点结算法和三柱结算法时期。14 世纪 40 年代，意大利出现了运用借贷差额进行平衡试算的记录，这说明西式簿记的平衡法已经产生。

（6）会计报告。在中国，从西周到汉代，主要处于文字叙述式会计报告的编制阶段；从唐代到明清，主要处于文字数据组合式会计报告的编制阶段。

公元 10 世纪左右，意大利出现了一种"平衡账"，左边列资产，右边列负债、资本和利润。公元 1200 年左右，法国人又编制了一种"余额表"。这表明了西欧民间会计向财务报表的编制时期发展的迹象。

从唐宋至元明时期，中国的经济发展水平在世界上处于领先地位，这使得会计报告也处于世界先进行列，包括会计制度和会计报告的编制方法。其实除了中国，其他文明古国如巴比伦、埃及、罗马、希腊等的会计报告曾处于世界先进行列。后来，中国的经济水平有所下降，相应地，会计方法也落后于西方。

（三）复式簿记

中国的复式簿记早在西式簿记没有进入中国之前就已经存在，并且从简单发展到复杂，从低级发展到高级，从不完善发展到完善，从单式发展到复式。具体来说，中式会计发展的历史序列是单式簿记—不完全复式簿记（三脚账、龙门账）—复式簿记（四脚账）。

1. 三脚账

三脚账又称"跛行账"，大约产生于明朝。它的账簿体系亦为"三账"，但重点在"流水账"。记账符号为"来""去"和"收""付"。记账规则为"上来下去"或"上收下付"，具体来说，凡现金收付事项，只记录现金对方，另一方明确为现金,略去不计;凡转账业务必须记两笔,即同时记入来账和去账。为弥补现金收、付未记的不足,采用"流水结存法":定期采用四柱结算法在流水账上计算出本期库存现银结存数,并与库存现银的盘存数核对,相符者,盖一"结清"戳记;不合者,追查原因,以明确经济责任。

2. 龙门账

龙门账产生于明末清初的商业界,为我国商业会计的开端。其创始人为富山。账簿设置仍为"三账"体系,但重点在"总清簿"。龙门账的分类、分项核算是在"总清簿"中进行的。首先,它把全部账目划为"进""缴""存""该"四大类;然后,将这四大类又分成若干项目,进行分项核算。其中"进"指企业的全部收入,"缴"指本期发生的全部支出,"存"指企业的全部资产(不包括债权)和债权,"该"指企业的全部资本和债务。龙门账采用两对前呼后应的记录符号。账簿的上方叫"收——来"方,下方为"付——去"方,大体遵循"有来必有去,来去必相等"的记账规则。可见,龙门账已是复式记账。

3. 四脚账

四脚账大约产生于 18 世纪中叶,即清朝乾隆到嘉庆年间。

四脚账的账簿组织是由流水账、总清簿、结册三部分构成,它的分类分项核算主要表现在总清簿中。

四脚账对往来转账经济事项,一般要求在账簿上记录两笔。对现金收付事项,有两种办法:一是只记一笔,而现金一方略去不记,期末用"流水结存法"算出本期库存现金余额并转入"总清账",这时,总清簿中没有必要设现金账户;二是在"日清簿"上同时记两笔,做到"有来必有去,来去必相等",这时,"总清簿"中要设现金账户。

(四)借贷复式簿记

借贷复式簿记是会计发展史上一种科学的复式簿记,它突破了单式簿记的局限。

美国会计学家 A.C. 利特尔顿(1886—1974 年)认为,复式簿记的基本特征包括两个方面:其一,是指会计记录的"二重性";其二,是指自成体系的全部账簿记录的"平衡性"或"均衡性"。但是,这种"二重性"只是复式簿记基本特征的一方面。它在复式簿记产生以前就已在部分地区的账簿中出现了。资本主义性质的商品货币经济的萌芽和初步发展,是借贷复式簿记得以产生的客观经济条件。公元 12 至 13 世纪是意大利北方城市经济的繁荣时期。当时的繁荣与其贸易的发展特别是与东方贸易的迅速发展有关,同时也与那些逐步被卷入远远超出城市区域贸易的地方手工业生产有关。公元 14 至 16 世纪的佛罗伦萨毛织工业是在中世纪时资本主义发展程度最高的企业。其他城市、行业亦有了资本主义的性质。这些在客观上为借贷复式簿记的产生创造了条件。

借贷复式簿记从萌芽形态发展到较为完备的形式,其间大约经历了 300 年左右的时间。它大致可以分为三个不同的发展阶段并分别采取了不同的表现形式。

(1)佛罗伦萨式。它代表复式簿记的萌芽阶段,以佛罗伦萨银行采用的账簿为代表。佛罗伦萨式的主要特点是:记账方法——转账;记账对象——仅限于债权债务;(人名账户)记录形式——叙述式。

(2)热那亚式。它代表复式簿记的改进阶段,以 1340 年在热那亚应用过的账簿为代表。热那亚式的主要特点是:记账方法——复式;记账对象——除债权债务外,还包括现金、商品;记录形式——左右对照式,即账户式。

(3)威尼斯式。它代表复式簿记的初步完备阶段,以 15 世纪流行于威尼斯的簿记为代表。

二、近代会计的发展

近代会计,就是从 1494 年巴其阿勒的簿记著作公开出版到 20 世纪 40 年代末期这段时间。

(一)巴其阿勒《算术、几何、比及比例概要》一书的出版

1494 年是会计发展史上极为重要的一年。这一年的 11 月 10 日,意大利数学家、会计学家卢卡·巴其阿勒(Luea Pacioli,1445—1517 年)在威尼斯出版了他的著作《算术、几何、比及比例概要》(*Summade Arithmetica Geometria,Proportioniet Proportionalita*)。当时,这部由作者潜心研究多年的著作不仅轰动了意大利数学界,而且也引起了会计界人士的极大关注。世界会计史学界认为:自从巴氏著作问世之后,整个会计界才从对会计实务的研究中摆脱出来,从而向着会计理论研究的方向发展。至此,会计才开始成为一门科学。巴氏对会计学的贡献是划时代的。他是近代会计的奠基人,他的这本著作的出版标志着近代会计的开始,因而,世界会计界又把这一划时代的事件誉为会计发展史上的第一个里程碑。

该书全面地论述了当时流行于威尼斯的复式簿记,其主要内容包括九

个方面:簿记在经营管理中的地位、盘存的概念和财产盘存的方法、三种主要账簿(日记账、分录账和总账)的设置、会计科目的设置与总账中的分户核算、试算表的编制、借贷记账法的基本平衡公式、以"借""贷"作为记账符号的论述、"摘要书"或"计算书"的编制以及有关记账主体的概念。

(二)复式簿记的传播与发展

1.复式簿记在欧美

1543 年及其以后,巴其阿勒和曼佐尼的会计著作先后被译为英文、法文、荷兰文、西班牙文和德文。到 16 世纪,意大利的复式簿记已遍及欧洲。其后,各国会计界对簿记方法与理论的研讨,都是在继承意大利复式簿记的前提下进行的。然而,由于地理大发现后商路的改变和意大利各城市在政治上的不统一,16 世纪意大利的经济便衰落了,从此以后,复式簿记发展的中心便由意大利的北部城市先后转移到荷兰、德国、法国和英国。自此,意大利经济的繁盛时期和复式簿记发展的黄金时代便一去不复返了。

(1)荷兰对复式簿记的引进与发展

17 世纪荷兰成了欧洲西部的经济中心。荷兰人对意大利复式簿记的引进并非全盘照搬,而是结合本国实际加以改进。

(2)德国对复式簿记的引进与发展

由于排外思想的存在,直到 17 世纪 20 年代以后,巴其阿勒的会计著作和意大利的复式簿记才进一步在德国产生影响,以至完全被德国会计学者所接受,从而使意大利复式簿记逐步取代了德国传统的会计方法。16 世纪在德国许多都市所颁布的都市法中,已经承认由正直商人详细记载的商业账簿在法律上有一半的证据力。另外,在都市法中还规定,如果那些正直商人能够立誓,表示账簿记录是绝对正确的,则法律上承认它有完全的证据力。这种立誓在近代法律上称为"账簿誓"。

(3)法国对复式簿记的引进与发展

路易十四于 1673 年 3 月正式颁布了商业条例——"商事王令",其中有关于账簿设置、记账方法、破产清理办法以及财产目录编制的详细规定。这一条例的颁布是会计发展史上一个划时代的事件,是法国人对会计学的一大贡献。继"商事王令"之后,法国会计法制建设中的又一重大事件就是"簿记法"的颁布。这对后世会计法制建设产生了深刻的影响。

西方会计史学家认为,普兰廷印刷厂的成本核算代表了 16 世纪世界成本会计的发展水平。该厂采用意大利复式簿记,在成本核算方面的特点是:首先,围绕成本计算形成了一个账户体系;其次,采用了初步的订单法;最后,该厂已能编制具有资产负债表性质的"试算表"。该厂的会计工作者是成本会计的开拓者。

(4)英国对复式簿记的引进与发展

在18世纪以前,荷兰的簿记著作与实务对英国会计发展有深刻的影响,它是英国会计迅速发展并自成一派的原因之一。17世纪英国资产阶级革命胜利,18世纪英国成了"世界工厂",在世界工业生产和商业贸易中取得了垄断地位。17至18世纪初,普及性的会计读物在英国大量出版,其中有代表性的是达伐纳的《会计入门》、斯蒂芬·蒙提基的《借贷会计指南》和约翰·梅尔的《意大利商业会计》。

1854年在苏格兰成立了第一个会计师协会——爱丁堡会计师协会。它的成立说明了会计人员开始执行一种为社会服务的公证业务,引起了会计的一些重大变化:第一,会计服务对象的扩大(由一个企业扩大到多个企业);第二,会计内容的发展(从记账、算账发展到报账和查账);第三,企业会计需要接受外部监督;第四,会计成为一个新的服务行业(而在此以前,会计只是企业内部的一个职能部门)。

到19世纪末,英国的成本会计才有了明显的进步。诺顿认为,把商业账户与工厂的生产记录划分开来,对成本计算是十分必要的。他认为,由经营账产生出来的是普通会计报表,而由生产账中产生的则是关于产品成本的报表。他把归集生产费用的账户称为"生产账户",并对原材料、在产品、完工产品等概念作了明确的解释。刘易斯对间接费用有新的见解,他主张把"企业费用"如折旧费、保养费、房租、地方税以至经营支出等,按照商业的做法直接转入损益账户。

(5)复式簿记在美国的传播与发展

19世纪80年代,它已先后超过了德国、法国和英国而成为世界上头号资本主义经济强国,因此世界会计发展中心转移到了美国。

19世纪中叶以前,美国还处于对欧洲簿记的引进、消化和普及阶段。到19世纪末期,美国企业界对国外会计方法的引进已有了明显的选择。他们在簿记实务、理论和审计方面主要师承英国。但美国学者还非常注意学习德国的会计理论,后来美国会计学和审计学的部分理论就是熔德国和英国学说为一炉而创立的。

20世纪初是美国会计学的奠基时期,其开端是美国著名会计学家哈特菲尔德(1866—1945年)于1909年出版的《近代会计学》。该书是美国第一部系统论述会计理论的优秀著作,作者以资产负债表为主,以丰富的会计实践为素材,精辟地论述了一系列会计理论问题。由于哈氏对德国关于财产估价问题争论的介绍,美国产生了动态论与静态论两大对立学派。两派的长期论争又促进了财产估价和资产负债表理论的发展。哈氏主要倾向于静态论,而在损益计算上又带有动态论的色彩,但他自始至终都坚持"业主权理论"。美国会计界将哈特菲尔德称为"美国会计学的泰斗",将《近代会计学》视为美国会计的规范。世界会计史学界认为,奠定英国会计学基础的是狄克西、毕克斯雷和里斯尔,而奠定美国会计学基础的则是哈特菲尔德。

(6)西式簿记在中国的传播与中式会计的改良

中式会计虽渊源甚古,但自战国以后,在延续了 2 300 多年的封建社会中,它的发展极其缓慢。在元明之前,它一度处于世界的先进行列,但从此以后,它便停留在原有基础上,从而由先进退居落后,由自力创造到不得不引进外来的记账方法。

1897 年,中国通商银行首先采用了借贷复式簿记。我国第一部介绍借贷复式簿记的书籍是蔡锡勇的《连环账簿》(1905 年),第二部是谢霖和孟森合著的《银行簿记学》(1907 年)。谢霖先生是我国著名的会计学家,他是我国引进外来簿记、改良中式簿记的先驱者之一,他还是我国会计师制度的催化者和第一个国家承认的会计师。

1925 年 3 月,我国历史上第一个会计师公会——上海会计师公会成立。到 1935 年,全国注册会计师已达 1 162 人。当时,闻名全国的会计师事务所有正则、公信、立信和徐永祚会计师事务所。立信又是这四大事务所中的佼佼者,它是由潘序伦先生创立的。"立信"二字取自《论语》中"民无信不立"之意。立信会计学校也是立信会计事业的重要组成部分。

徐永祚是一位以提倡改良中式簿记而驰名的会计学家。在 20 世纪 30 年代,徐永祚总结了中式簿记的某些优秀特点,运用借贷复式簿记的基本原理,开始了对中式簿记的改良工作。他认为:"中式簿记不论在形式上、实质上都有保存的价值,绝非西式簿记所能代替。"1933 年,徐永祚拟订了《改良中式簿记方案》,主张采用收付记账法。经过努力,该方案基本得以实施,收付记账法也在部分企业、银行和某些部门得到了广泛传播和运用。后来徐永祚还编辑了《改良中式簿记概说》,该书是我国第一部关于收付簿记的专著。

三、现代会计的发展

现代会计的起止时间是第二次世界大战直到现在。由于市场经济以及政治策略的变化,会计环境也发生了相应的变化,进而导致会计技术经历了一系列的变化。簿记时代不断向会计时代发展,传统会计逐渐分为财务会计和管理会计,历史成本会计向公允价值会计发展。

(一)簿记时代向会计时代的转变

在 20 世纪初期,簿记完成了向会计学的发展,这一发展大概用了 30 年。当工业经济进入繁荣发展阶段,会计界发现了经济管理的各种问题,并致力于解决这些问题,由此促进了会计学的创立。亨利·法约尔的《工业管理与一般管理》这一名著的出版,让不少民众认识到财务与会计在公司经营管理中的不同职责。后来的一些管理学家也纷纷肯定了会计的管理职能,这些思想对后来的人们产生了很大的影响。美国工程师泰罗为首的成本计量与控制思想,与 20 世纪初英国的会计理论、德国的审计理论和资产负债表理论,标志着簿记时代的结束及会计时代的到来。

(二)传统会计分化为财务会计和管理会计

在西方,企业会计分为财务会计与管理会计两个分支。事实上,这两个分支都是对传统会计的发展。美国的财务会计和管理会计的发展水平仍处于世界领先地位,美国会计界在财务会计和管理会计的发展方面做出了巨大的贡献。

1.财务会计的发展

同旨在向企业内部管理当局提供经营决策所需信息的管理会计不同,财务会计旨在向企业外部的投资人、债权人和其他与企业有利害关系的方面提供投资决策、信贷决策和其他类似决策所需要的财务信息。这种财务信息最终表现为通用的财务报表和其他财务报告。财务会计的数据处理和信息加工的方法仍然运用传统的会计模式。但 20 世纪 30 年代以后才逐步产生的公认会计原则对财务会计的支配作用,又把它与传统的会计区别开来。

统一会计处理程序的社会要求是财务会计得以产生的前提条件。20 世纪初,会计界在会计术语、会计处理程序、会计报表编制方法上都有很大差异。因此,社会各界人士纷纷要求统一以上各项。早在 1909 年,美国就开始了进行会计规范化的尝试,当时美国的公共会计师协会(AAPA)任命了一个会计术语特别委员会,希望对会计实务中的术语进行规范来达到统一会计处理的目的。1917 年,美国联邦储备委员会和联邦贸易委员会决定对当时企业向银行申请贷款而提供的资产负债表的格式和内容予以标准化,并于当年 4 月以《统一会计》(Uniform Accounting)公告的形式颁布,之后的 1919 年,美国会计师协会将之改名为《编制资产负债表的标准方法》再次出版。然而,真正意义上的会计原则的制定则是源于美国历史上 1929 年的股市危机。

1929 年,美国证券交易市场的崩溃和随之而来的经济危机成了统一会计处理程序和建立会计原则的契机。危机过后,美国国内认为混乱的会计实务是危机的罪魁祸首,为此美国国会相继于 1933 年和 1934 年颁布了《证券法》和《证券交易法》,要求上市公司必须提供统一的会计信息。这些法律对财务报表、会计原则、独立审计师的责任和地位产生了深刻的影响。随后设立的证券交易委员会(SEC)要求有股票上市的所有企业的财务报表都必须经过独立审计师的"公证"。

"公认会计原则"(Generally Accepted Accounting Principles,GAAP)的概念产生于 1939 年。在当时它是指会计界意见比较一致、由会计界推荐、有权威性支持的处理会计业务的程序、编制会计报表的惯例和规则。它并不具有法律效力,因而不是必须执行的。但由于美国注册会计师协会(AICPA)规定企业的报表只有符合了公认会计原则才能被独立审计师认可,因而大大加强了公认会计原则的权威性。最早正式由 AICPA 设定的会计原则是从其几个委员会和纽约证券交易所 1932 年的通信演化而成的。

2.管理会计的发展

管理会计(Managerial Accounting)产生于 20 世纪 20 年代,但只是在 20 世纪 50 年代后才日趋成熟和迅速发展。现代管理科学的发展对管理会计的形成与发展有重要作用,使它不仅能详细描述和分析过去——这主要是传统会计的职能,更重要的是能科学地筹划未来,它已不是原始意义上以记账、算账为主要特征的会计了,它是一门新兴的综合性的边缘学科。

管理会计的雏形可以追溯到 20 世纪初,美国会计史学界认为,麦西金的《预算控制论》(1922 年)、魁因斯坦的《管理会计:财务管理入门》(1922 年)的出版标志着管理会计的产生。

胡玉明(2004 年)认为,自从会计学科产生"同源分流"之后,管理会计得到迅速的发展。20 世纪管理会计的发展历程大致可以分为四个阶段。

第一阶段是 20 世纪初到 50 年代,是追求效率的管理会计时代。其主要内容为标准成本、预算控制和差异分析,不考虑企业的战略和方向等重大问题。

第二阶段是 20 世纪 50 年代至 80 年代,是追求效益的管理会计时代。其结构体系以"决策与计划会计"和"执行会计"为主体。

第三阶段是 20 世纪 80 年代,是管理会计反思时代。其核心主题是作业管理会计、价值链优化和价值增值。

第四阶段是 20 世纪 90 年代,是管理会计转变的过渡时期。其重要特征为管理会计在企业组织变化中的作用、平衡计分卡等。作者认为,从总体上说,20世纪管理会计的主题基本上围绕着企业价值增值而展开,但企业只有具备核心能力才能持续获得价值增值。因此,21世纪的管理会计应"以人为本",其主题应从企业价值增值转移到核心能力的培植上。

(三)会计在计算与记录技术方面的重大革命

1.会计电算化

20世纪50年代起,电子计算机在会计数据处理中的运用经历了三个发展阶段。

初级阶段(1953—1965年),主要用于替代人的手工操作和简单的机械操作。

发展阶段(1965—1970年),重点是综合加工各个独立的会计数据,以加强会计信息的反馈作用,并把会计数据处理作为一个单独的信息系统,为分析、预测和决策提供有用的信息。

20世纪70年代以后属于第三阶段,出现了电子计算机的网络和软件方面数据库的应用。有些企业实现了管理信息的综合化和系统化,建立起了电子计算机化的全面管理系统。会计信息系统作为一个子系统,共享总系统中所有方面的信息。

"会计电算化"这一我国特有的概念产生于20世纪80年代初。它是"电子计算机在会计中的应用"或"会计核算方法的计算机化"的简称。20年来,会计电算化取得了丰硕的成果。它大大减轻了会计人员的工作量,提高了会计工作的效率和管理水平,造就了一个初步繁荣的财务软件产业和市场,直接推动了企业信息化建设。

2.会计信息化

会计信息化是现代信息技术和传统会计的深度结合,以一种开放的会计信息系统而存在。这种系统表现为业务处理的自动化,信息的共享,会计信息的实时报告。这将使得企业内部的每个人员都可以处理和使用会计信息,并且企业外会计信息使用者将通过网络系统监督企业内部人员。会计信息化具有以下几个方面的价值。

第一,对现代信息技术的深度运用。

第二,主观和客观上重新建立了会计模式。现代信息技术不仅可以决定会计模式,还可以执行这种模式。

第三,重新整理了传统会计组织和业务处理流程,可以支持"虚拟企业

（网络公司）""数据银行"等新的组织形式和管理模式。

第二节 会计的相关概念

一、会计假设

（一）会计假设的概念

会计假设也称"会计基本前提"，或"会计前提"，是企业对交易或事项进行会计确认、计量和报告的必备前提，具体是指对会计核算所处的空间范围、时间范围、基本程序和计量单位等做出的合理设定。

会计假设是人们在会计实践中通过不断摸索和验证形成的合理推断，并在会计实践中长期奉行，普遍为人们所接受的前提。其所处的空间范围是对会计活动服务的对象做出的基本设定；时间范围是对会计服务对象经营活动的持续性做出的基本设定；基本程序是对会计服务对象经营活动的持续性进行合理的期间划分做出的基本设定；计量单位是对会计活动服务对象处理发生的交易或事项时采用的计量单位做出的基本设定。只有这些基本前提完全具备，才能保证会计管理活动的顺利开展。

（二）会计假设的内容

根据我国现行《企业会计准则》的规定，企业会计假设包括会计主体、持续经营、会计分期和货币计量四项内容。

1. 会计主体假设

对会计假设可结合图 1-1 加以理解。

会计主体假设要求企业对其本身发生的交易或者事项进行会计确认、计量和报告。为了向会计信息使用者提供对其决策有用的信息，会计确认、计量和报告应当集中反映特定会计主体所发生的交易或事项，需要切实注意以下两点：一是应将企业本身经营活动所发生的交易或事项与其他企业发生的交易或事项区别开来，即不能对与本企业无关的其他企业所发生的交易或事项进行确认、计量和报告；二是应将企业本身经营活动所发生的交易或事项与企业所有者个人的交易或事项区别开来，企业所有者个人的交易或事项,如企业所有者购买个人生活用品发生的支出等就不能作为企业的交易或事项进行确认、计量和报告。只有明确划清以上交易或事项的界限,才能切实反映企业自身的财务状况和经营成果。由此可见,明确界定会计主体是进行会计确认、计量和报告的重要前提。

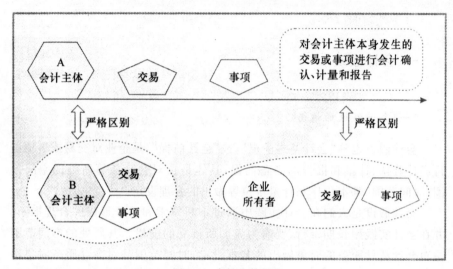

图 1-1　会计主体假设

(资料来源:张捷、刘英明,2019)

明确界定会计主体假设的意义在于以下几点。

第一,只有明确会计主体,才能划定会计所要处理的各项交易或事项的空间范围。只有那些影响企业本身经济利益的各项交易或事项才能予以确认、计量和报告。会计通常所讲的资产的确认、负债的确认、收入的实现和费用的发生等,都是针对特定的会计主体而言的。

第二,只有明确会计主体,才能将该会计主体的交易或事项与其他会计主体的交易或事项,以及会计主体所有者个体的交易或事项区别开来。这样,会计才能紧密围绕会计应予处理的核心内容,根据会计目标的要求做好确认、计量和报告。

第三,只有明确会计主体,才能对该主体所发生的交易或事项的经济性质进行正确判断和处理。例如,A 与 B 两个企业间发生了一笔赊销、赊购商品的交易。对于两个企业来说,该交易具有截然不同的两种性质,会分别引起两个企业的债权(应收账款(资产))和债务(应付账款(负债))的不同方面的变化。作为销售、购买企业双方必须站在各自的角度进行确认、计量和报告。

2.持续经营假设

持续经营是指在可以预见的未来,企业将会按当前的规模和状态继续经营下去,不会停业,也不会大规模削减业务。持续经营假设强调,会计确认、计量和报告应当以企业持续、正常的经营活动为前提。尽管企业的生产经营活动随时面临激烈的市场竞争,甚至会遭遇停业清理和破产清算等经营风险,但会计确认、计量和报告不应以这种异常的经营趋势为前提,而应以企业持续经营这种正常的经营趋势为前提。我国的企业会计准则体系就是以企业持续经营为前提而建立的,适用于持续经营企业的会计确认、计量和报告。对持续经营假设的定义可结合图1-2加以理解。

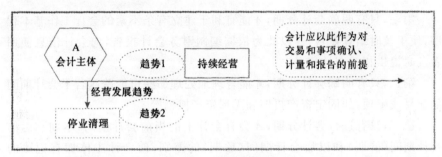

图 1-2　持续经营假设

(资料来源:张捷、刘英明,2019)

明确界定持续经营假设的意义在于以下两点。

第一,只有明确持续经营,才能划定会计所要处理的各项交易或事项的时间范围。即会计所确认、计量和报告的应当是企业正常经营活动期间发生的交易或事项。

第二,只有明确持续经营,才能为会计分期假设提供必要的基础。会计分期假设是建立在持续经营前提基础上的另一种假设。如果企业不能够持续经营,也就不可能进行会计分期。

3.会计分期假设

会计分期假设强调,企业应当划分会计期间,分期结算账目,并编制财务会计报告。在持续经营的企业,其生产经营活动是持续不断地进行的,企业应根据及时报告会计信息的要求,将持续经营的生产经营活动划分为一定的会计期间,以便按照会计期间分期结算账目,并在此基础上编制财务会计报告,及时地向会计信息使用者提供与其进行经济决策相关的会计信息。会计期间可按公历起讫日期划分为年度、半年度、季度和月度。其划分方法如图 1-3 所示。

图 1-3　会计分期假设与会计分期的方法

（资料来源：张捷、刘英明，2019）

第一，只有明确会计分期，才能有利于建立有条不紊的会计工作基本程序，便于及时结算账目，并以此为依据编制财务会计报告，向会计信息使用者及时提供相关会计信息。

第二，只有明确会计分期，才能合理地处理那些可能跨越若干会计期间的交易或事项，如固定资产折旧和无形资产摊销等。

第三，只有进行会计分期，才会有会计上的当前会计期间（本期）、以前会计期间（前期）和以后会计期间（后期）的差别，使会计主体拥有记账的基准。

4.货币计量假设

货币计量假设强调，企业会计应当以货币计量。在会计计量中，可能用到的计量单位有货币计量单位、实物计量单位和劳动计量单位等，但货币计量单位以外的计量单位都属于辅助性计量单位，凡会计上所计量的交易或事项，首先必须能够以货币单位进行计量。如果不能以货币单位进行计量，就不能确定这些交易或事项的变动金额，也就无法对其进行会计记录和报告。对货币计量假设的定义可结合图 1-4 进行理解。

明确界定货币计量假设的意义在于以下两点。

第一，只有明确货币计量，才能统一会计计量的基本单位。货币是商品的一般等价物，具有价值尺度、流通手段、贮藏手段和支付手段等特点，作为衡量一般商品价值的共同尺度，货币能计量所有交易或事项的全部内容，具有极强的适用性。

第二，只有采用货币计量，才有可能进行汇总和对比分析。企业采用统一的货币单位对所发生的交易或事项进行计量，反映的是这些交易或事项共有的价值方面的属性。因而，采用货币计量便于进行企业财务状况、经营成果和现金流量等的计量和报告,也便于对企业发生的所有交易或事项进行汇总和比较分析。

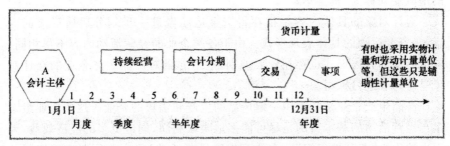

图 1-4　货币计量假设

(资料来源:张捷、刘英明,2019)

二、会计对象

(一)会计对象的定义

会计对象是指企业财务会计所应核算和监督的基本内容。一般认为,会计对象的基本内容是社会再生产过程中的资金运动,在企业中则具体是指企业经营资金的运动。

由会计的管理特征可知,会计所反映的主要是企业在经营活动中发生的各种交易或事项所引起的价值方面的变动,但企业的经营活动不是孤立进行的,任何一个企业的经营活动都与整个社会再生产过程中的资金运动有着密切联系,构成整个社会再生产过程中的资金运动的一个有机组成部分。

(二)会计对象的基本内容

对于一个企业而言,会计对象的基本内容是其经营资金的运动。经营资金是指企业所拥有和控制的各种财产物资的货币表现。随着企业经营活动的进行,这些资金相应地会发生价值以及形态上的变化。当资金被用于生产经营活动时,会产生资金的消耗,如企业用筹集到的资金购买材料、设备和支付员工薪酬时,会引起企业资金的减少。企业资金或转化为一种新的资产,或直接转化为成本费用。而在有些情况下,企业的资金在被消耗之后会形成新的资产,引起企业资金的增加。例如,企业将生产的产品对外销售收回现金时,一方面会使库存商品这种资产减少,另一方面会使现金这种资产增加。事实上,对于持续经营的企业来说,其经营资金总是处在不断的运动和变化之中的。在会计上,一般把交易或事项发生以后所引起的资金的增减变动称为"资金运动"。

会计对象的具体内容是指在将资金运动做进一步划分后所形成的内容,是资金运动的具体表现形式。由于各类企业的经营活动内容不尽相同,资金运动的具体形式也存在较大差别,这里着重对产品生产企业的会计对象具体内容进行探讨。

产品生产企业是指组织一定产品的生产和销售的企业。这类企业组织生产经营活动的基本目的是尽可能多地赚取利润,创造更多的经济效益,因而也被称为"营利性组织"。企业要组织经营活动,首先必须拥有和控制一定的经济资源即资产,这些经济资源的取得主要有吸收投资者投资和负债两种方式。当投资者向企业投资以后,对企业的资产就有了法定的要求权利,即权益,如分享利润等,因而,这部分资金来源在会计上也称为"所有者权益"。负债是指企业向银行或其他金融机构借入款项等。企业利用这些经济资源开展经营活动,会发生一定的费用支出,也会给企业带来一定的收入。企业取得的收入与发生的费用之差为经营成果,在收入大于费用时即为企业实现的利润。综上所述,产品生产企业会计对象的具体内容可概括为资产、负债、所有者权益、收入、费用和利润,这六个方面即为企业类经济组织的资金运动所呈现的具体形式,在会计上也称为"企业会计要素"。

第三节 会计的职能与目标

一、会计的职能

业界对会计职能的一些基本的内涵已经达成共识:一是会计职能是会计本身所具有的、内在的、本质的反映;二是从会计职能和会计任务的辨析中我们可以得出,会计职能是客观的,是会计本身具有的功能,而会计任务和作用体现了外部环境对会计的主观要求。以上两点共同决定了会计职能区别于其他两个概念的第三个特征,即会计职能的相对稳定性。也就是会计职能是相对稳定的,而会计任务和作用是随环境不断变化的。

我国会计理论界对会计应该具有的职能,从"一职能说""二职能说"直到"八职能说",梳理如下。

(一)一职能说

一职能说认为,会计的直接的、完整的、基本的职能只有一个:反映经济活动或提供经营决策所需的信息,不过这种反映是能动反映,由此产生的信息是经济分析,能为决策和控制服务的高级信息。

(二)二职能说

持"二职能说"的人数较多,但对会计职能的具体提法的分歧较大。

杨纪琬教授认为反映和监督是会计的两大职能。

葛家澍教授将会计职能归纳为"反映和控制",认为"从会计产生的时候起,不论它原来是生产的附带工作或是后来由于分工,变成了一项专职工作,它总是反映的职能。随着生产的发展和人们对会计信息的充分利用,它又起着控制的职能。

朱鸣皋则将会计职能归纳为反映和管理,反映职能指处理信息,管理职能包括会计组织、控制、监督、预测、决策。

林钟高、吴健敏则认为会计具有核算和管理职能,会计核算是指以货币为主要度量进行记账、算账、报账,会计管理是指对会计对象进行预测、决策、计划、控制、组织、协调、分析、监督等。

(三)三职能说

持"三职能说"代表性的观点之间差异比较大。

唐腾翔认为,会计的职能有三:反映信息、控制监督、参与决策。这些职能贯穿于资金运动和生产经营活动的始终。

蔡雅琴认为会计具有反映、参谋、调度和筹集资金的功能。

朱小平认为会计的职能具体可分为前馈控制、防护性控制和反馈控制三种。

裘宗舜则从会计在经济过程中的作用来考察,把会计职能分为:反映经济过程,考核经营业绩;控制经济过程,监督经济活动;预测经营前景,参与经济决策。

颜琪忠则提出了会计职能的新三论:核算、监督和纳税。

(四)四职能说

杨雄胜把会计职能分为四种。

一是监督经济业务。

二是报告企业财务状况。

三是参与管理决策,控制生产经营活动。

四是计量分配劳动成果。

王开田则把会计职能分为:会计的确认功能、会计的计量职能、分类汇总职能、传递职能。

(五)五职能说

孔繁柏认为会计的职能是反映、监督、控制、分析和决策。

陈章远则认为会计职能包括决策、计划、核算、控制、考核五种。

(六)六职能说

李天民认为,现代会计的职能应包括会计规划、会计制度、会计核算、会计控制、会计分析和会计检查六个方面。当然,其中会计核算是基础,其他职能的发挥都必须依据会计核算所提供的可靠信息。

阎达五认为,除了传统的核算、监督职能,还有预测、决策、控制、分析职能。

张以宽则把会计职能分为:反映经济情况,提供经济信息;控制经济过程,保证正常运转;监督经济活动,保护财产安全;考核经济效果,为奖罚提供数据;分析经济情况,改善经营管理;预测经济前景,参与管理决策。

(七)七职能说

徐龙从会计的"控制论"观点出发,推演出现代会计具有"反映经济过程,提供经济信息,预测经济前景,分析经济情况,核算经济效果,监督经济活动,参与经济决策等功能"。

(八)八职能说

持"八职能说"的范永武认为,"对会计职能反映内涵而言,其外延是会计确认、计量、记录和报告;对会计职能参与管理内涵而言,其外延是会计预测、参与决策、计划和参与控制"。

劳秦汉则把会计职能分为会计确认、计量、分析、报告和对内进行全面管理的会计预测、决策、控制、考评八个具体功能。

其他提法还有把会计职能分为计算、记录、传递、预测、计划、控制、分析、决策八项。

二、会计的目标

对于会计的目标,理论界并不存在严重分歧。

葛家澍教授认为,会计的目标是财务会计系统运行所期望达到的目的或境界,它的内容受到人们主观期望的影响。一般认为,明确提出财务会计的目标,是在信息论和系统论被普遍接受后才出现的。在信息论和系统论下,财务会计被看作一个"以提供财务信息为主的经济信息系统"。既然是人造的信息系统,就必然要有一个目标,以达到指引系统运行方向的作用。

冯巧根认为,会计目标是会计行为主体在一定的历史条件下,通过自身的会计实践活动所期望达到的结果和基本要求,它是整个会计管理系统运行的定向性机制,决定着这个会计管理过程的发展方向和方式,亦即会计作为一个系统所要达到的目的。

周仁俊提出,会计目标是会计行为主体在一定的社会环境中通过会计实践希望达到的结果,既不是一个纯主观的范畴,也不是一个纯客观的范畴,它具有主观见之于客观的特性。会计目标以主观的形式表现出来,但是这种要求必须建立在充分认识会计的内在规律和外在条件的基础上。

阎达五认为,会计的基本目标是指会计管理系统运行的目的,以及需要达到的基本要求,它是整个会计管理系统运行的定向机。会计的基本目标不仅是会计理论逻辑结构中不可或缺的主要组成部分,亦是会计实践工作中起决定性作用的客观因素。它的作用主要体现在以下三个方面:其一,它是设计、规划和制定会计准则、会计制度以及会计程序的指南,是评价和修改各种会计规范的依据;其二,它是说明会计程序的理由,是引导和制约会计行为的决定性因素,尤其是在缺乏明确的可供遵循的会计规范时,会计目标也就是会计行为的判别准则;其三,会计目标还是事后对会计工作的优劣做出评价的重要依据与标准。

劳秦汉认为,所谓的会计目标就是指在一定的时空条件下,会计实践主体作用于会计实践客体所期望达到的结果或者要求,其决定着整个会计运行系统的方向和方式,是会计管理活动过程的定向机制。其主要特征如下:导向性、多元性、系统性、时空性、稳定性。

傅磊则提出,作为会计运行的定向机制,会计目标的作用主要表现在以下两个方面。

其一,会计目标是会计准则、制度赖以产生的依据,会计准则、制度是为了保证会计目标的实现而制定的,用以指导和约束会计行为的规范,是达到会计目标的途径。

其二,会计目标是评价、修改会计准则、制度的标准。可见,会计目标决定了会计活动的方向和方式,开展会计工作和进行会计研究首先要明确会计目标,否则便会陷入盲目。

第四节　会计的基本要素与科目

一、会计的基本要素

(一)会计要素的定义

会计要素是根据交易或事项的经济特征确定的财务会计对象的基本内容,即资金运动进行分解归类,使之形成独立的范畴,并用会计术语加以描述的具体内容。

(二)会计要素的构成内容

我国现行《企业会计准则》规定:"企业应当按照交易或者事项的经济特征确定会计要素。会计要素包括资产、负债、所有者权益、收入、费用和利润。"

会计要素的构成内容与企业经营资金的运动有着密切的关系。会计对象的基本内容可概述为企业经营资金的运动,由于资金的这种运动是由企业在经营活动中发生的各种交易或事项引起的,因而可以从交易或事项经济特征的角度对资金运动进行分类,使资金运动这一较为抽象的概念具体化,进而形成了资产、负债、所有者权益、收入、费用和利润等会计要素内容。对会计要素的定义及构成内容可结合图1-5加以理解。

(三)会计要素的确认

1. 会计要素确认的定义

会计要素确认也称"会计确认",是指将企业发生的交易或事项与资产、负债、所有者权益、收入、费用和利润等会计要素联系起来加以认定的过程。

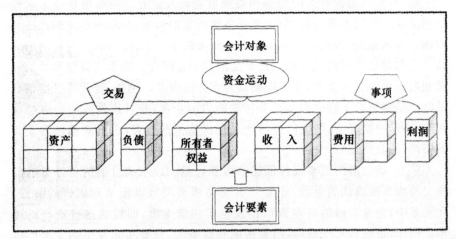

图 1-5 会计要素的定义及构成内容

(资料来源:张捷、刘英明,2019)

会计确认是会计计量、记录和报告的前提,也是会计处理交易或事项的起点。这是因为,企业任何交易或事项的发生都会导致会计要素发生增减变动。当交易或事项发生以后,首先应将其与会计要素联系起来加以分析判定,辨明该交易或事项的发生涉及哪些会计要素,以及是否符合要素的定义和确认条件。对会计要素确认的定义可结合图 1-6 加以理解。

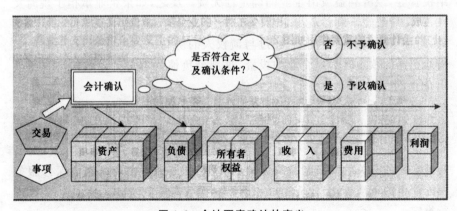

图 1-6 会计要素确认的定义

(资料来源:张捷、刘英明,2019)

2.会计要素的确认条件

(1)资产的确认条件。将一项资源确认为企业的资产,除应符合资产的定义外,还应满足以下两个条件。

第一，与该资源有关的经济利益很可能流入企业。能够给企业带来经济利益是资产的本质特征，但由于受各种因素的影响，与资源有关的经济利益能否流入企业，或能够流入多少具有很大的不确定性。因此，对资产的确认还应与对经济利益流入确定性程度的判断相结合。如果与资源有关的经济利益不可能流入企业，则不能确认为企业的资产。例如，企业为了推销产品将产品销售给了暂时根本没有付款能力的企业，并且货款收回的可能性很小，在这种情况下，即使已经将产品提供给了购买方，也不能确认为企业的资产（应收账款）。

第二，该资源的成本或价值能够可靠计量。成本或价值的可计量性既是交易或事项确认的继续，也是所有交易或事项得以记录和报告的前提。在实务中，企业取得的许多资产都发生了相应支出，即构成这些资产的成本。例如，企业购买原材料，购置房屋和设备等，只要实际发生的支出能够可靠计量，就可视为符合资产确认的可计量条件。如果某资源的成本或价值不能够可靠计量，则不能将其确认为企业的资产。

（2）负债的确认条件。将一项义务确认为企业的负债，除应符合负债的定义外，还应同时满足以下两个条件。

第一，与该义务有关的经济利益很可能流出企业。预期会导致经济利益流出企业是负债的本质特征，但对负债的确认还应与对经济利益流出确定性程度的判断相结合。在实务中，企业履行法定义务时，如归还借款和缴纳税费等，经济利益流出企业的确定性无疑。反之，如果企业承担了现时义务，但是导致经济利益流出企业的可能性已不复存在，则不仅不应确认为负债，而且应减少负债。例如，经过与债权人的协商，债权人已同意将其原来借给企业的款项转为对企业的投资，这部分负债就不再会导致经济利益流出企业，也不再符合负债的确认条件。

第二，未来流出的经济利益的金额能够可靠计量。对负债的确认在考虑经济利益流出企业的因素时，应考虑其可计量性。对于与法定义务有关的经济利益的流出，通常可以根据合同或法律规定的金额予以确定。对于与推定义务有关的经济利益的流出，如企业预期为售出商品提供保修服务可能产生的负债等，企业应当根据履行相关义务需要支出的最佳估计数进行推定。

（3）所有者权益的确认条件。所有者权益体现的是所有者对企业资产所享有的剩余权益，因此所有者权益的确认主要依赖于资产的确认，所有者权益金额的确定也主要取决于资产的计量。例如，企业在接受投资者投资，并且投入的资产符合企业资产确认条件时，也就相应地符合了所有者权益的确认条件；当该资产的价值能够可靠计量时，所有者权益的金额也就相应地得以确定。

值得注意的是,所有者权益反映的是所有者对企业资产的索取权,而负债反映的是企业债权人对企业资产的索取权,两者有着本质的区别。因此,企业在会计确认、计量和报告中应当严格区分负债和所有者权益,以便如实地反映企业的财务状况,尤其是企业的偿债能力和产权比率等。

(4)收入的确认条件。将一项经济利益流入确认为企业的收入,除应符合收入的定义外,还应同时满足以下三个条件。

第一,与收入有关的经济利益应当很可能流入企业。有关的经济利益是指在销售商品等过程中企业可能收到的商品销售价款等。由于多种因素的影响,企业销售商品的价款能否收回有多种可能性。即使确认收入的其他条件均已满足,但价款收回的可能性不大,也不能确认为企业收入。

第二,经济利益流入企业的结果会导致企业资产增加或者负债减少。经济利益流入企业的结果导致企业资产增加的情况在企业的日常活动中经常发生。例如,企业收到销售商品货款,既会增加企业的收入,又会增加企业的资产。而在某些情况下,经济利益流入企业的结果会导致企业的负债减少。例如,企业向原已预付货款的客户实际提供商品时,一方面会增加企业的收入,另一方面会减少企业的负债(预收账款)。

第三,经济利益的流入金额能够可靠计量。企业对实现的收入能否可靠地计量,是收入能否得以确认的重要条件。如果收入的金额不能可靠计量,就不应确认为收入。例如,企业提供给购货方的商品销售价格可能发生变动,在新的售价未确定之前,就不能确认为企业的收入。

(5)费用的确认条件。将一项经济利益流出确认为企业的费用,除应符合费用的定义外,至少还应当满足三个条件。一是与费用相关的经济利益很可能流出企业。二是该经济利益流出企业的结果会导致资产减少或者负债增加。前一种情况,如企业用现金支付销售费用和管理费用等,一方面表现为费用增加,另一方面表现为资产减少;后一种情况,如企业本期应当负担的短期借款利息可能是在下一个会计期间支付,应将这部分应付利息确认为本期费用的同时又确认为企业的负债。三是经济利益的流出金额能够可靠计量。

(6)利润的确认条件。利润反映的是企业一定会计期间的收入减去费用后的净额加上当期利得、减去当期损失的最终结果。因此,利润的确认主要依赖于收入和费用的确认,以及利得和损失的确认。利润金额的确定也主要取决于收入、费用、利得和损失金额的计量。

（四）会计要素的计量

1.会计要素计量的定义

会计要素计量简称"会计计量"，是将符合确认条件的会计要素进行会计记录继而列报于财务报告文件并确定其金额的过程。

2.会计要素的计量单位与计量属性

（1）计量单位。进行会计要素的计量应以货币作为主要计量单位。

（2）计量属性。计量属性反映的是会计要素金额的确定基础，主要包括历史成本、重置成本、可变现净值、现值和公允价值等。

历史成本又称"实际成本"。在历史成本计量属性下，资产按照取得或制造时所实际支付的现金或者现金等价物的金额计量，或者按照购置资产时付出的对价的公允价值进行计量；负债按照因承担现时义务而实际收到的款项或资产的金额，或者承担现时义务的合同金额，或者日常活动中为偿还负债预期需要支付的现金或现金等价物的金额计量。

重置成本又称"现行成本"，是指按照当前市场条件重新取得同样资产所需支付的现金或者现金等价物的金额。在重置成本计量属性下，资产按照现在购买相同或者相似资产所需支付的现金或者现金等价物的金额计量；负债按照现在偿付该项债务所需支付的现金或者现金等价物的金额计量。重置成本多用于盘盈的存货、固定资产的计量。

可变现净值。在可变现净值计量属性下，资产按照其正常对外销售能收到的现金或者现金等价物的金额扣减该资产至完工时估计将要发生的成本、估计的销售费用以及相关税费后的金额计量。可变现净值通常应用于存货资产减值等情况下的后续计量。

现值是指对未来现金流量以恰当的折现率进行折现后的价值，是考虑货币时间价值的一种计量属性。在现值计量属性下，资产按照预计从其持续使用和最终处置中产生的未来净现金流入量的折现金额计量；负债按照预计期限内需要偿还的未来净现金流出量的折现金额计量。现值通常应用于非流动资产（如固定资产、无形资产）可收回金额的确定。

公允价值是指资产和负债按照市场交易者在计量日发生的有序交易中，出售资产所能收到的或者转移负债所需支付的价格计量。在公允价值计量属性下，资产按其在有序交易中出售资产所能收到的价格计量，负债按其在有序交易中所需支付的价格计量。

二、会计的科目

(一)会计科目的定义

会计科目是对会计要素进行分类所形成的具体项目,是设置会计账户的依据,也是会计报表项目的主要构成内容。设置会计科目,并在此基础上设置账户,是会计的一种专门方法。

会计要素是会计上进行交易或事项的确认、计量和报告不可逾越的范畴,但资产、负债和所有者权益等要素只能概括说明会计对象的基本内容,仅仅将会计对象划分到这个层次仍然难以满足会计上处理交易或事项的要求。例如,企业收到投资者投资交易的发生,会涉及资产和所有者权益两个要素,但在会计上不能以会计要素为单元进行处理,还应具体考虑这一交易究竟影响了会计要素的哪些具体方面。如前所述,资产要素包括库存现金、银行存款、应收账款、原材料和固定资产等;所有者权益要素包括实收资本(或股本)、资本公积、盈余公积和未分配利润等。当交易或事项发生以后,只有结合这些具体内容进行确认,才能提供更为详细具体的相关信息。因此,在划分会计要素的基础上,还需要采用一定的方法,根据各个要素的组成内容分别划分为若干具体项目。例如,对资产要素可在将其划分为流动资产和非流动资产两大类的基础上再作进一步划分,如流动资产可再划分为库存现金、银行存款、原材料和库存商品等。对划分出来的各个项目分别规定一个合适的名称就是会计科目。另外,会计科目也是会计报表项目的主要构成内容。对会计科目的设置方法可结合图1-7 加以解释。

(二)会计科目的规范

会计科目的规范是指设置会计科目的规定和要求。设置会计科目是进行交易或事项处理的前提,是企业组织财务会计重要的工作内容之一。一般而言,企业会计部门应根据本企业交易或事项的经济性质划分会计要素,并在此基础上设置会计科目,以便为会计账户的设立提供依据。在我国,考虑到会计人员素质的现实状况,也为了使不同企业提供的会计信息口径统一、相互可比,财政部颁发的《企业会计准则——应用指南》对各类企业的会计科目做出了统一规范,企业可以根据实际需要有选择地使用这些会计科目,作为设置账户的依据。

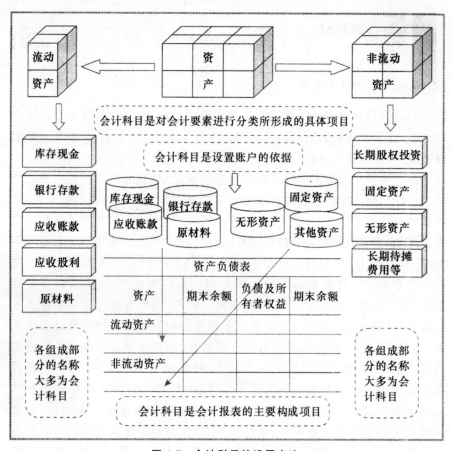

图 1-7　会计科目的设置方法

（资料来源：张捷、刘英明，2019）

第二章　会计记账及账务处理

为了对会计要素进行核算和监督,在按一定原则设置了会计科目后,就需要用一定的记账方法将会计要素的增减变动登记在会计科目中。所谓的记账方法,是指在会计科目中记录经济交易与事项的具体手段及方式。运用记账方法对会计科目进行登记的过程,也就是将对经济交易与事项进行会计确认和计量的结果在相关科目中进行记录或登记的过程。

第一节　会计记账方法

一、单式记账法

单式记账法一般是指在交易或事项发生以后,只在一个账户中对其变动的某一个方面进行记录的方法,只有在同时涉及货币资金或债权账户时才进行复式记账。单式记账法在会计实务中很少采用。

二、复式记账法

(一)复式记账法的定义

复式记账是指对企业发生的任何一项交易或事项都以相等的金额在两个或两个以上相互联系的账户中进行平衡记录,借以反映会计要素具体内容增减变化的记账方法。

对复式记账的定义可以从以下两个方面来理解。

(1)对发生的交易或事项至少在两个账户中进行记录。上例属于简单交易或事项采用复式记账方法在两个账户中记录的情况,这样的记录方法能够比较全面地反映该交易引起的企业资金增减变动的全貌。当企业发生较为复杂的交易或事项时,需要记录的账户可能会有三个或者更多,但仍属于复式记账。

(2)对发生的交易或事项必须在相互联系的账户中记录。相互联系的账户是指在某一特定的交易或事项发生以后应该记录的所有账户。

(二)复式记账的理论依据

对发生的交易或事项进行复式记账是有科学的理论依据的,该理论依据就是交易或事项影响会计要素增减变动的内在规律性。如图 2-1 所示。

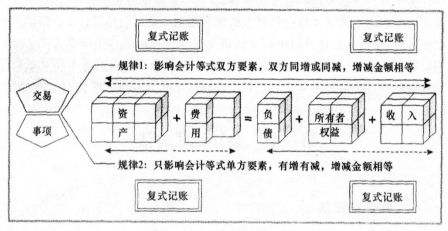

图 2-1 复式记账的理论依据

(资料来源:张捷、刘英明,2019)

每一笔交易或事项发生以后,至少要影响两个会计要素或同一个会计要素中的两个项目发生变化。这种变化的规律是:或者同时涉及会计等式双方的要素,双方的要素同时增加或同时减少,并且同增或同减的金额相等;或者只涉及会计等式某一方的会计要素,使该方的会计要素或某一会计要素内部的两个项目发生有增有减的变动,并且增减金额相等。不论是哪一种情况,都表明交易或事项的发生至少会使会计要素的两个方面发生变化。这样,要在会计上全面完整地反映一项交易或事项内容,至少需要运用两个账户进行记录,这种记录方法就是复式记账。由此可见,复式记账的理论依据就是交易或事项影响会计要素增减变动的内在规律性。

(三)复式记账法的种类

复式记账法根据记账符号的不同,可分为借贷记账法、增减记账法和收付记账法三种。

借贷记账法是以"借"和"贷"作为记账符号来反映经济业务增减变化的

一种复式记账法。因此,在借贷记账法下,账户的左方即"借"方,账户的右方即"贷"方。如图 2-2 所示。

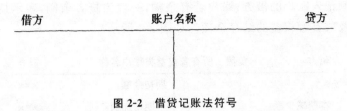

| 借方 | 账户名称 | 贷方 |

图 2-2 借贷记账法符号

(资料来源:刘继周、吕永红,2018)

在这里,"借"和"贷"作为记账符号,只用来反映经济业务事项的数量变化。对于任何一个账户,"借"和"贷"所反映的数量增减性质是相反的,即一方反映增加,则另一方必定反映其减少。

借贷记账法下,账户的左方称为"借方",右方称为"贷方"。所有账户的借方和贷方按相反方向记录增加数和减少数,即一方登记增加额,另一方就登记减少额。至于"借"表示增加,还是"贷"表示增加,则取决于账户的性质与所记录经济内容的性质。

账户结构是反映账户内容的组成要素,账户的结构是由账户所反映的经济内容所决定的。不同性质的账户其结构中所反映的资金数量的增减方向也有所不同。借贷记账法下,所有账户的结构都是左方为借方,右方为贷方。但借方、贷方反映会计要素数量变化的增减性质则是不固定的。不同性质的账户,借贷方所登记的内容不同。

资产类账户的结构主要体现在:资产的增加金额记入账户的借方,减少金额记入账户的贷方;账户若有余额,一般为借方余额,表示期初或期末资产的结存金额。如图 2-3 所示。

借方	资产类账户		贷方
期初余额:	×××		
本期增加额:	×××	本期减少额:	×××
	:		:
	:		:
本期发生额合计:	×××	本期发生额合计:	×××
期末余额:	×××		

图 2-3 资产类账户结构

(资料来源:刘继周、吕永红,2018)

负债及所有者权益类账户同属于权益类账户,由于资产与权益是同一事物的两个方面,因而作为权益类账户的结构,增加金额记入账户的贷方,减少金额记入账户的借方;账户若有余额,一般为贷方余额,表示期初或期末负债及所有者权益的结存金额。如图 2-4 所示。

借方		负债、所有者权益类账户名称		贷方
		期初余额:		×××
本期减少额:	×××	本期增加额:		×××
		:		:
		:		:
本期发生额合计:	×××	本期发生额合计:		×××
		期末余额:		×××

图 2-4 负债、所有者权益类账户结构

(资料来源:刘继周、吕永红,2018)

利润计算账户归属于所有者权益类账户。从账户结构分析,利润计算账户的贷方发生额为本期收入的总额,借方的发生额为本期费用的总额,贷方发生额与借方发生额的差额即本期实现的利润(或亏损)。其账户结构,如图 2-5 所示。

借方		利润计算账户名称		贷方
		期初余额:		×××
本期费用	×××	本期收入		×××
期末余额:	×××			

图 2-5 利润计算类账户结构

(资料来源:刘继周、吕永红,2018)

损益类账户包括损益收入类和损益费用类账户。损益收入类账户的结构与所有者权益类账户的结构相似,即增加金额记入账户的贷方,减少或转销的金额记入账户的借方。其账户结构,如图 2-6 所示。

损益费用类账户的结构与所有者权益类账户的结构正好相反,即增加金额记入账户的借方,减少或转销的金额记入账户的贷方。其账户结构,如图 2-7 所示。

成本类账户的结构兼有损益费用类账户和资产类账户的特征。其发生额的记录与损益费用类账户结构相同;其余额的反映与资产类账户相同。

其账户结构,如图 2-8 所示。

借方	损益收入类账户名称	贷方
本期减少 ×××	本期增加额: ×××
或转销额:	:
:	:
:	:
本期发生额: ×××	本期发生额: ×××

图 2-6　损益收入类账户结构

(资料来源:刘继周、吕永红,2018)

借方	损益费用类账户名称	贷方
本期增加额: ×××	本期减少 ×××
:	或转销额:
:	:
:	:
本期发生额: ×××	本期发生额: ×××

图 2-7　损益费用类账户结构

(资料来源:刘继周、吕永红,2018)

借方	成本类账户名称	贷方
期初余额: ×××	
本期增加额: ×××	本期减少 ×××
:	或结转额:
:	:
:	:
本期发生额: ×××	本期发生额: ×××
期末余额: ×××	

图 2-8　成本类账户结构

(资料来源:刘继周、吕永红,2018)

　　根据上述对资产、负债、所有者权益、成本、损益五类账户结构的描述,可以将账户借、贷方发生额的基本特点归纳如下,如表 2-1 所示。

表 2-1　账户借、贷方发生额的基本特点

账户类型	借方	贷方	余额方向
资产类账户	增加	减少	借方
负债类账户	减少	增加	贷方
所有者权益类账户	减少	增加	贷方
成本类账户	增加	减少	借方（如有余额）
损益收入类账户	减少	增加	无余额
损益费用类账户	增加	减少	无余额

（资料来源：刘继周、吕永红，2018）

（四）复式记账的作用

复式记账的作用体现在以下三点。

（1）复式记账能够全面系统地记录企业发生的所有交易或事项。按照复式记账的要求，企业应建立能够涵盖所有会计要素具体内容的账户系统。利用这个系统采用复式记账法进行记录，就能够把企业发生的所有交易或事项全面记录下来。另外，账户是按照会计要素内容分门别类设置的，因此复式记账还可以系统地记录企业发生的所有交易或事项。

（2）复式记账能够清晰地反映企业资金变化的来龙去脉，便于对交易或事项内容的了解和检查。从复式记账对发生的交易或事项记录的过程和结果看，可以清晰地了解各交易或事项所引起的资金运动变化的全貌，以及账户所反映的会计要素之间的变化关系。同时，也有利于检查交易或事项处理的合理性，从而保证账户记录的正确性。

（3）复式记账能够运用有关数据之间的平衡关系检查账户记录有无差错。采用复式记账法记录企业在一定会计期间所发生的全部交易或事项，所有账户的增减发生额之间，以及所有账户的余额之间会实现自动平衡。这种平衡关系可以为检验交易或事项处理过程的正确性提供重要依据。

复式记账的作用决定了它是一种科学的记账方法。目前，借贷记账法为世界上绝大多数国家所使用。

第二节 借记记账法下经济业务的账务处理

一、会计分录

会计分录简称"分录",是指根据经济业务的内容指明应借、应贷账户名称及其金额的一种记录方法。

应登记账户名称、登记方向和登记金额是构成会计分录的三个要素,只有在将交易或事项记录在有关账户之前预先确定这些内容,才能保证登记的账户正确,登记的方向准确,登记的金额无误。

(一)会计分录的编制方法

编制会计分录的过程也是运用会计语言确定分录组成要素内容的过程,这个过程应当是循序渐进的,不可一蹴而就。

(1)确认涉及的会计要素。这是编制会计分录的基础,因为任何交易或事项的发生必定与会计要素有关。

(2)确定应登记的账户。在确认了交易或事项所影响的会计要素以后,须进一步明确应登记的账户,这一步骤也是对会计要素内容的细化。将借入的短期借款存入银行,应登记在反映银行存款增加和减少的"银行存款"账户;对借入款项应登记在反映短期借款借入(增加)和偿还(减少)的"短期借款"账户。

(3)分析账户的增减变化。在确定了应予登记的账户以后,应进一步分析这些账户的增加或减少的变动情况,这一步骤是继而确定账户登记方向的基础。

(4)确定账户的登记方向。即根据借贷记账法账户结构的设计,确定交易或事项的增加额或减少额在相关账户中的登记方向。

(5)确定登记的金额。应根据交易或事项提供的数据信息,具体确定在有关账户中登记的金额各是多少,这一步骤即会计要素的计量,或称"会计计量"。

(二)会计分录的书写要求

编制会计分录时,必须按规范的格式书写。对在教学中编制会计分录的书写格式应特别注意四点。

第一，分录中的借方内容写在上面，贷方内容写在下面，不可先贷后借。

第二，分录中的贷方内容应缩进一个字书写，不要与借方内容齐头写，更不能将贷方内容写在借方的前面。

第三，分录中的金额应按借方、贷方分别排成两列，以便后续进行借方发生额、贷方发生额的汇总。

第四，分录中的金额后面不必写"元"字。

（三）会计分录的种类

按照一笔会计分录中所包含的账户数量的多少，可以分为以下两类：简单会计分录与复合会计分录。简单会计分录是指只由两个账户组成的分录。复合会计分录也称"复杂分录"，是指由两个以上的账户组成的分录。复合会计分录实际上是由两个或两个以上的简单会计分录组成的，因而一个复合会计分录可以分解为几个简单会计分录。

（四）账户对应关系与对应账户

账户对应关系是指在采用复式记账法为每一笔交易或事项编制会计分录时，在分录中所体现的账户之间存在的相互依存关系。

二、试算平衡

借贷记账法的试算平衡是指根据会计等式的平衡原理，按照记账规则的要求，通过汇总计算和比较，检验账户记录的正确性、完整性的一种技术方法。

试算平衡的具体方法包括发生额平衡法和余额平衡法两种。

（一）发生额平衡法

发生额平衡法是对一定会计期间所有账户的发生额进行试算检验的一种方法。

1. 平衡公式

平衡公式具体表示为：

一定会计期间全部账户的借方发生额合计＝该会计期间全部账户的贷方发生额合计

在发生额平衡法的平衡公式中，强调的是企业在"一定会计期间"的"全部账户"的"借方发生额合计"和"贷方发生额合计"。之所以强调"一定会计期间",是由于采用该公式所要试算的是企业某一特定会计期间所有账户发生额的平衡关系,而不是该会计期间全部账户的借方发生额合计与另外一个会计期间全部账户的贷方发生额合计之间的相等关系。之所以强调"全部账户",是由于采用该公式所要试算的是该期间全部账户的借方发生额合计与该期间所有账户的贷方发生额合计之间的平衡关系,而不是全部账户的发生额与部分账户发生额之间的关系。

2.平衡原理

发生额平衡法是依据借贷记账法记账规则的基本原理建立的。一个企业在一定会计期间的全部账户的借方、贷方发生额合计数之间之所以存在以上相等关系,是因为借贷记账法对每一笔交易或事项的发生额都是按照"有借必有贷,借贷必相等"的规则在相互联系的账户中记录的,即每一笔交易或事项的借方、贷方发生额是相等的。因而,一个企业在一定会计期间不论发生了多少交易或事项,也不管记入了多少账户,只要把这些账户的发生额按借方、贷方分别进行合计,双方的合计数肯定是相等的。

3.试算平衡方法

在实务中,全部账户借、贷发生额之间的试算一般是通过编制总分类账户发生额及余额试算表中的"本期发生额"部分进行的。在试算平衡中利用的数据来自所试算期间全部账户的发生额。由于企业在每一会计期末都要结账,分别计算出各个账户的借方、贷方发生额合计数,这就为进行发生额的试算提供了有利条件。在编制试算表时,将各个账户中的发生额合计数分别按借方、贷方抄列入试算表中相关账户名称的相应栏次即可,即在账户中如果为借方发生额合计,就抄列于试算表的"借方"栏;如果为贷方发生额合计,就抄列于"贷方"栏。之后,再分别计算试算表中借、贷双方发生额的合计数。

(二)余额平衡法

余额平衡法是对一定会计期末所有账户的余额进行试算检验的一种方法。

1.平衡公式

平衡公式可具体表示为:

一定会计期末全部账户的借方余额合计＝该会计期末全部账户的贷方

余额合计

公式中的"全部账户"同样是指某一企业在一定会计期间登记的所有账户,强调的是所有账户的借方余额合计与所有账户贷方余额之间的相等关系。应予注意的是:企业一定会计期末的部分账户借方余额合计与其全部账户贷方余额之间不会存在上述平衡关系。

2.平衡原理

借贷记账法的余额平衡法是依据会计等式"资产=负债+所有者权益",或"资产+费用=负债+所有者权益+收入"的基本原理建立起来的。

在会计期末,当企业的收入类账户和费用类账户没有余额时,有余额的应当是资产、负债、所有者权益和利润这四类账户。在利润类账户并入所有者权益账户,成本类账户并入资产类账户的情况下,期末有余额的应当只有资产、负债和所有者权益这三类账户。其中,资产类账户的期末余额一般为借方余额,负债类账户和所有者权益类账户的期末余额一般都为贷方余额。因而,上述试算平衡公式实质上体现的是该期末的"资产=负债+所有者权益"的平衡相等关系。当收入类账户和费用类账户期末有余额时,可以根据"资产+费用=负债+所有者权益+收入"等式的基本原理对所有账户的期末余额进行验证。这里暂不考虑第二种情况,只对第一种情况进行验证。验证可利用总分类账户发生额及余额试算表中的"期末余额"部分进行。

3.试算平衡方法

在实务中,一定会计期末全部账户余额的试算一般是通过编制总分类账户发生额及余额试算表中的"期初余额"和"期末余额"两部分进行的,所采用的数据来自所试算期间全部账户的期初余额和期末余额。各账户的期初余额是从上一会计期末结转而来的,期末余额则是各账户记录交易或事项后产生的结果。由于企业在会计期末都要结账,计算出各个账户的余额,这就为进行余额的试算提供了便利条件。在编制试算平衡表时,只需要将账户中的余额分别按其借、贷方向抄入试算表中相应账户名称一行的"借方"或"贷方"栏即可。之后,再分别计算借方、贷方余额的合计数,并比较两者是否相符。

第三章　会计凭证与会计账簿

在会计学中,会计凭证与会计账簿是两项重要且复杂的内容,这两大层面可以帮助人们更规范地记账,保证账目的合理性与真实性。基于此,本章就对这两大层面展开分析。

第一节　会计凭证

会计凭证是记录经济业务,明确经济责任,具有法律效力,能作为记账依据的书面证明。任何一个企业的资金运动都是通过每一项具体经济业务来体现的。为了如实地反映资金的运动状况,首先必须通过填制会计凭证对各项经济业务加以记录,并在此基础上进行认真的审核,对经济业务的真实性、合理性、合法性加以确认;然后才能以会计凭证的记录为依据登记有关账簿,从而达到真实、系统、全面、综合地反映资金运动的目的。因此,填制和审核会计凭证不仅是会计工作的初始阶段和基本环节,也是会计核算方法的重要组成部分之一。

一、会计凭证的意义

通过填制和审核会计凭证,为企业(单位)准备了一套如实记录经济业务的档案资料,以供日后查阅、分析和利用。具体来说,其有着如下几点意义。

(一)明确与经济业务有关的各方面经济责任

任何经济业务都应办理凭证手续,由经办该项业务的部门及其人员填制、取得,并在凭证上签名盖章。这些部门及人员就是该项业务的责任者,他们应对会计凭证所记录的经济业务的真实性、合理性、合法性负责。为了加强内部牵制,防止舞弊行为,任何经济业务都不能只由一个经办人员负责。这样，一旦发现问题，也可根据凭证上责任人的记录追根溯源，查明责任的归属。

（二）检查经济业务的真实性、合理性及合法性

会计凭证从定性、定量两个方面对发生或完成的经济业务做了归类的记录，因此可以通过凭证的审核对经济业务进行监督、检查，从而查明经济业务是否真实、合理，有无违反法令、政策、制度的情况，有无铺张浪费、不讲效益、贪污盗窃等违法乱纪的行为，从而充分发挥会计的监督作用。

（三）如实地初步归类记载经济业务

如前所述，任何一项经济业务都应填制（取得）会计凭证，而不同类型的经济业务，应填制或取得不同的会计凭证。这样各种各样经济业务的发生或完成情况，就能通过会计凭证的填制和审核而得以及时地、真实地记录下来。可是，会计凭证只能对经济业务做出初步的归类记载，而要全面地、系统地反映经济业务，则必须在账户中进行进一步的归类和系统化的记录。但是，任何账簿都不能凭空记录，账簿记录必须以审核无误的会计凭证为依据。

二、会计凭证的种类

每一个单位在会计工作中所使用的凭证是多种多样的，它们有着不同的填制程序和用途，不同的格式和内容，不同的作用和填制方法。在理论和实际工作中，通常可按下述标准对会计凭证做出分类。

（一）根据会计凭证的填制程序和用途划分

根据会计凭证的填制程序和用途的不同，可分为原始凭证和记账凭证两种。

1. 原始凭证

原始凭证是在经济业务发生或完成时，由经办业务的部门、人员填制取得的一种证明文件。它是用以最初记载经济业务的实际发生或完成情况，明确经济责任，作为记账的原始依据的一种会计凭证。

按其来源不同，原始凭证又可分为自制原始凭证和外来原始凭证。

（1）自制原始凭证。自制原始凭证是由单位内部经办业务的有关部门或有关人员在执行或者完成某项经济业务时所填制的一种书面证明。例

如,产成品入库时需填制"产品入库单";车间领用材料时需填制"领料单";财会部门在收付款时,需填制收款单、付款单等。

(2)外来原始凭证。外来原始凭证是在经济业务发生时,从外单位或个人取得的、用以办理业务手续的书面证明。如购货时从供应单位取得的销货发票,对外付款时从收款单位或个人取得的收据,从银行转来的各种结算凭证等。原始凭证主要起一种证明经济业务实际发生或完成的作用。因此,凡是不能起这种作用的一切单据,如"派工""经济合同""对账单"等,无论是自制的还是外来的,均不能作为记账的原始依据,只能当作主要原始凭证的附件。

2.记账凭证

记账凭证是由本单位的会计人员根据审核无误的原始凭证编制的,标注有会计分录并可作为记账直接依据的一种会计凭证。

在实际工作中,由于原始凭证不仅种类繁多,数量庞大,格式千差万别,而且由于它们初步记录的内容还不能直接体现对会计要素变动的影响,还不能直接据以在账簿中对经济业务作归类的、系统的反映。因此,有必要对审核无误的原始凭证加以整理,运用借贷记账法的基本原理,将原始凭证所记录的经济业务转换成会计术语——会计分录,而会计分录是书写在记账凭证上,并指明了每一项经济业务发生或完成后应记账户的名称(会计科目)、方向(借方或贷方)和金额。正是如此,记账凭证才取得了作为登记账簿直接依据的资格。

具体来说,可以用图 3-1 表示出来。

(二)根据每一张凭证中会计科目的数量划分

记账凭证按其每一张凭证中会计科目的数量不同,又可分为单式记账凭证和复式记账凭证。

单式记账凭证按其标注的是借方科目还是贷方科目,又可分为借项记账凭证和贷项记账凭证两类。复式记账凭证按其反映的经济业务与货币资金的收付有无联系为标准,可划分为收款凭证、付款凭证和转账凭证三类。

三、原始凭证与记账凭证

如前所述,根据填制程序和用途的不同,会计凭证可分为原始凭证和记账凭证两种。下面就对这两种作详细论述。

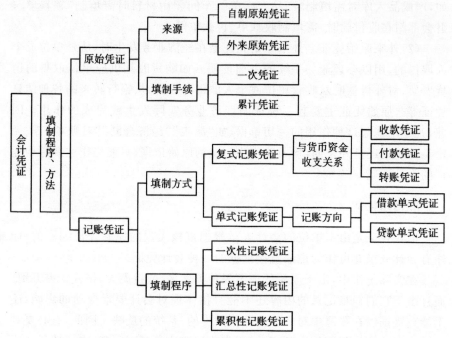

图 3-1　根据会计凭证填制程序和用途划分

(资料来源:张虹、陈艳秋,2014)

(一)原始凭证

1.原始凭证的基本内容

原始凭证所记录的经济业务是千差万别的,各种原始凭证的具体内容也不尽相同。但是,既然原始凭证是用来初步记录经济业务的实际发生或完成情况,明确经济责任,作为记账依据的一种会计凭证,其经济作用是相同的。因而它们必然会有相似之处。其相似之处可具体表述为原始凭证的基本要素。

(1)原始凭证的名称。原始凭证的名称往往可以反映经济业务的性质,如产品"入库单""领料单"便可分别反映产成品验收入库、生产或对外销售领料的经济业务。

(2)填制及接受凭证单位的名称。从填制及接受凭证单位的名称上可直接看出此凭证的来源及去向,为审核经济业务的真实性提供一定的依据。

(3)填制原始凭证的日期和凭证编号。填制日期可以反映经济业务发生的时间,凭证编号主要是为了加强原始凭证的管理。

（4）经济业务的具体内容。其目的主要是对发生了什么样的经济业务作具体的、进一步的说明。通常包括经济业务的有关计量资料（如数量、单价、金额等），以及对经济业务作定性说明的内容摘要。

（5）经办业务的部门或人员签字、盖章。其主要目的是分清经济责任，加强经办部门或人员的经济责任感。如是外来原始凭证，还需有填制单位的公章或业务专用章。

2.原始凭证的填制

原始凭证填制的正确与否是如实反映经济业务的关键。填制原始凭证就是根据经济业务的实际情况，依据一定的规则（要求），在规定的凭证格式中，按照要求的内容填写。

按填制的手续，原始凭证可分为一次凭证和累计凭证。

一次凭证是指只一次性地反映某一项经济业务或同时反映若干项同类经济业务的原始凭证，如领料单、增值税专用发票等。外来原始凭证一般属于一次凭证，且其仅仅对单笔业务进行记录，因此数量比较多，且核算也相对麻烦。表 3-1 为领料单。

表 3-1　领料单

领料部门：　　　　　　　　　　　　　　　　　　　编　　号：
用　　途：　　　　　　　　年　月　日　　　　　发料仓库：

材料编号	材料名称	规格	计量单位	数量		价格		
				请领	实领	单价	金额	
								第
								三
								联
备注：						合计		记

记账：　　　　　　发料：　　　　　　审批：　　　　　　领料：

（资料来源：周竹梅，2019）

累计原始凭证是指在规定的一定时期内，连续地记载若干同类经济业务，到期末以其所累计的数额作为入账的依据。例如，企业中常用的限额领料单。"限额领料单"通常适用于产品生产中领用重要原材料，其填制方法为：先由计划部门根据一定时期（通常为一个月）生产任务和消耗定额计算填列该期间领用材料的限额数，交车间凭以领用材料；每次领、退材料时分别由车间、仓库填写请领数、实领数（退料用红字），并随时结出尚可领用的结存数,期末加计领用总数,递交财会及有关部门作为领用该种材料的核算依据。表 3-2 为一则限额领料单。

表 3-2　限额领料单

领料部门:

用　途:　　　　　　　　名称规格:　　　　　　　计划产量:

材料编号:　　　　　　　计量单位:　　　　　　　单位消耗定额:

领用定额:　　　　　　　单　价:

日期	请领数量	实发数量	累计实发数量	收料人签章	日期	请领数量	实发数量	累计实发数量	收料人签章
累计实发金额									
供应部门负责人			生产部门负责人				仓库管理员		

(资料来源:张虹、陈艳秋,2014)

为了集中反映某类经济业务且减少记账凭证的填制,还可将记录同类经济业务的原始凭证定期(每日、每旬、每月)编制成原始凭证汇总表。原始凭证汇总表是将同类的一次或累计原始凭证定期汇总,根据汇总数作为记账依据的一种原始凭证。在实际工作中,其主要目的是便于汇总记账,提高核算效率。表 3-3 为领料单汇总表。

表 3-3　领料单汇总表
年　月

用途	上旬	中旬	下旬	月记
生产成本 甲产品 乙产品 管理费用 制造费用 在建工程				
本月领料合计				

(资料来源:周竹梅,2019)

3.原始凭证的填制要求

原始凭证是记账的原始依据,同时也是记账凭证填制的依据。为此,必须严肃认真地填制原始凭证,严格按照财务会计制度办理凭证手续。填制凭证的主要要求有以下几方面。

(1)正确清楚。填制凭证必须用蓝黑墨水(也可用圆珠笔)按照有关规定填写文字、数字。文字、数字必须工整、规范,字迹清晰,易于辨认,计算必须正确:原始凭证填制中若发生错误,不得任意涂改或刮、擦、挖、补。更不得使用褪色药水,而应按有关规定,针对具体情况分别处理。对于原始凭证中的一般错误,可用画线更正法更正;如果总金额、接受凭证单位名称等填写错误,应作废销毁,重新填写正确的凭证;对于有连续编号的重要凭证填写错误时,不能在凭证上更改,应在错误凭证上注明错误原因,加盖"作废"戳记,连同存根一起注销留存,重新填制正确凭证。

要特别注意的是,原始凭证上的小写金额在书写上应考虑如下几点。

其一,小写金额应该一个一个写,不得连笔。

其二,小写金额的最高位前面应加上人民币符号(￥)。

其三,人民币符号和最高位之间不能留有空白。

其四,凡是小写金额前有人民币符号的,金额后不用写货币单位。

其五,以元为单位的金额,除了表示单价外,一律具体到角分,无角和分的,应在角位和分位写"00"或"—",有角无分的,应在分位写"0",不得用符号"—"。

原始凭证上的大写金额在书写时应注意如下几点。

其一,大写金额要用正楷或行书书写。

其二,大写金额具体到元或角的,在元或角后应写"整(正)"字。

其三,大写金额具体到分位的,在分位后不需加"整(正)"字。

(2)真实完备。填制凭证必须根据经济业务的实际情况,按照规定实事求是地逐项填写,不得估计、虚拟,不得遗漏应填写的项目,以便如实地反映经济业务的全貌。

(3)填制及时。经办人员应在每项经济业务实际发生或完成时按照规定及时填制原始凭证,以免遗漏经济事项。

(4)责任清楚。经济业务发生后,办理凭证必须手续齐备,有关人员必须在指定处签章,以示对该项经济业务的真实性、正确性负责。

4.原始凭证的审核

会计凭证的审核不仅是保证会计核算真实反映经济活动情况的重要措

施,而且是发挥会计监督职能的重要手段。因此,在会计核算中,应特别注意把好原始凭证审核这一关。

(1)审核的正确性。原始凭证的正确性审核包括审核原始凭证各项目的填制是否符合原始凭证的填制要求;原始凭证填写的金额是否正确,填写是否规范,大小写金额是否一致;原始凭证若填制错误是否采用正确的方法进行更正,是否有涂改、挖补现象。

(2)审核的真实性。原始凭证记录了企业发生的最原始的经济业务,原始凭证的真实性对会计信息的质量有重要影响。原始凭证的真实性审核包括审核经济业务的双方当事单位和当事人是否真实;经济业务发生的时间、填制凭证的日期是否真实;经济业务的内容是否真实;经济业务的数量、金额是否真实等。

(3)审核的完整性。原始凭证的完整性审核包括审核原始凭证上填写的项目是否齐全,手续是否完备,相关人员是否签字盖章;外来原始凭证是否有填制单位和填制人员的签章;自制原始凭证是否有本单位经办人员签章。

(4)审核的合理性和合法性。合理性是指原始凭证记录的业务内容是否符合企业计划、预算等规定,是否符合审批权限和手续,以及费用开支标准是否符合规定。合法性是指原始凭证记录的业务内容是否符合国家法律法规,是否符合会计制度的规定。

另外,原始凭证审核后应根据不同情况进行不同处理。

(1)对于审核无误的原始凭证,应及时根据原始凭证编制记账凭证。

(2)审核后发现原始凭证真实、合法、合理,但是原始凭证填制得不完整,应该退回并要求有关经办人员补充完整。

(3)审核后发现原始凭证不合法、不合理、不真实,会计人员应该不予接受,并向单位负责人报告。

(二)记账凭证

1.记账凭证的基本内容

记账凭证是会计人员按照记账的要求,根据审核无误的原始凭证或原始凭证汇总表编制的一种会计凭证。它的主要作用是作为登记账簿的直接依据,从而保证账簿记录的正确性,提高账簿资料的质量。为此,记账凭证既要能概括地反映经济业务的基本情况,又要能满足登记账簿的需要。概括地说,记账凭证的基本内容如下。

(1)记账凭证的名称及填制记账凭证单位的名称。由各单位自行印制记账凭证时,这两项内容往往以"××(单位)××记账凭证"的标题印在记账凭证上端,以便根据原始凭证(经济业务)的内容正确地选择应填制的记账凭证,从而省去逐张填写的麻烦。

(2)凭证的填制日期和编号。其主要是有利于会计凭证的归档保管,以便将来查询会计资料。记账凭证的填制日期原则上应与经济业务发生的日期,收到原始凭证的日期一致。若业务发生日期与原始凭证收到日期不一致,则可按收到日期填列,而将业务发生日期写入摘要内。使用通用格式的记账凭证时,记账凭证应统一连续编号。采用收、付、转专用格式凭证时,这三类凭证应分别连续编号。

(3)经济业务的内容摘要。其主要是对经济业务定性、定量的简要说明。内容摘要应简明扼要地摘出经济业务的要点,所运用的文字应能正确概括会计分录所反映的经济内容。

(4)会计分录。它是根据记账凭证登记账簿的主要依据。它包括应记账户的总分类账户及明细分类账户的名称、记账方向和入账金额。

(5)记账标记。其主要是指过入有关账簿后所做的已过账的符号,以免重记或漏记。标记填写的一般方法是:在"账页"栏内填写已过入订本总账的页码,活页账的编号及页码,或只在"记账"栏内标上已过账的符号"√",但这样不便于根据记账凭证查找账簿中的过账记录。

(6)附件张数。其主要是指记账凭证后所附原始凭证的张数。若根据同一原始凭证填制几张记账凭证时,对于未黏附原始凭证的记账凭证,应在相应的地方注明"附件见×字第×号凭证"字样。

(7)有关人员签章。记账凭证应在填制和传递过程中,分别由下列人员依次签章:制单员、审核员、会计主管、记账员。收、付款凭证还应由出纳员在办理收、付款业务后加盖"收讫""付讫"戳记并签章。

2.记账凭证的填制

记账凭证按其填制方式可分为复式记账凭证与单式记账凭证。

(1)复式记账凭证。复式记账凭证是指在一张记账凭证上反映一笔完整的经济业务,不论这笔业务涉及几个会计科目,都集中填列在一张记账凭证上。这种记账凭证的主要优点是,能在一张记账凭证上看到一笔经济业务的全貌,一目了然。而它的缺点是不便于分工记账和汇总。

复式记账凭证按其反映的经济业务与货币资金的收付有无联系为标准,可划分为收款凭证。

收款凭证(表 3-4)是根据货币资金收款业务的原始凭证填制。其填制方法如下。

其一,收款凭证左上方所填列的借方科目,应是"库存现金"或"银行存款"科目。

其二,收款凭证内的贷方科目,应填列与"库存现金"或"银行存款"相对应的总账科目和所属明细科目。

其三,收款凭证的填制日期为填制该凭证的时间。

其四,收款凭证右上角填制收款凭证的编号,每月从月初第1号开始。

其五,"摘要"栏是对经济业务的简要说明。

其六,"金额"栏填列经济业务实际发生的数额。

其七,"√"栏是根据收款凭证登记账簿后所做的记账标记,以避免重记或漏记。

其八,在收款凭证的右侧有附件××张,应填写记账凭证所附原始凭证张数。

其九,收款凭证最下方要有相关人员签字或盖章。

表 3-4 收款凭证

借方科目:　　　　　　　年　月　日　　　　　　　学　第　号

摘要	贷方科目		√	金额									附件张
	总账科目	二级或明细科目		百	十	万	千	百	十	元	角	分	
	合计												

会计主管:　　　记账:　　　复核:　　　制单:　　　出纳:

（资料来源:周竹梅,2019）

付款凭证(表 3-5)是根据货币资金付款业务的原始凭证填制。其填制方法如下。

其一,付款凭证左上方所填列的贷方科目,应是"库存现金"或"银行存款"科目。

其二,在付款凭证内借方科目,应填列与"库存现金"或"银行存款"相对应的总账科目和所属明细科目。

其三,付款凭证右上角编号应为银付1、银付2、……现付1、现付2、……

表 3-5　付款凭证

贷方科目：　　　　　　　年　月　日　　　　　　字　第　号

摘要	借方科目		√	金额									附件张
	总账科目	二级或明细科目		百	十	万	千	百	十	元	角	分	
合计													

会计主管：　　　记账：　　　复核：　　　制单：　　　出纳：

（资料来源：周竹梅，2019）

转账凭证（表 3-6）是根据不涉及货币资金收付的转账业务的原始凭证填制。

其一，将经济业务所涉及的总账科目及明细科目全部填列在凭证内，借方科目在前，贷方科目在后。

其二，右上角的编号应为转字第 1 号、转字第 2 号、……

表 3-6　转账凭证

摘要	总账科目	明细科目	√	借方金额									贷方金额									附件张
				百	十	万	千	百	十	元	角	分	百	十	万	千	百	十	元	角	分	
合计																						

会计主管：　　　记账：　　　复核：　　　制单：

（资料来源：周竹梅，2019）

复式记账凭证也可采用一种通用格式记账凭证，其格式与转账凭证相同。

在实际工作中，对于采用收、付、转复式记账凭证的企业，对于一笔业务中同时涉及现金或银行存款的收支业务时，为了避免重复记账，在凭证填制时，可选择下述处理方法中的任何一种。

其一,同时填制收款和付款凭证,但记账时不记对应科目。例如,当发生从银行提取现金备发工资业务时,可先填制一张收款凭证,且作

借:现金××

　　贷:银行存款××

分录,并在现金账户中登记增加金额,而对应账户"银行存款"不予登记。再填制一张付款凭证,同样作

借:现金××

　　贷:银行存款××

分录,并在银行存款科目中登记减少金额,而对应账户"现金"不予登记。

其二,只填制一张凭证(通常填制付款凭证),且对应账户均要入账,如上例中则可只填制一张付款凭证,且作

借:现金××

　　贷:银行存款××

分录,并同时登记现金、银行存款账户。

(2)单式记账凭证。单式记账凭证是指分别反映一项经济业务某个侧面的一种记账凭证。其特点是:一项经济业务涉及几个账户就编制几张记账凭证,每一张记账凭证只标注一个应记账户的记账方向及金额。标注借方账户的单式记账凭证称为"借项记账凭证"(表 3-7),标注贷方账户的单式记账凭证称为"贷项记账凭证"(表 3-8)。

表 3-7　借项记账凭证

借方科目:

明细科目	摘要	金额	记账	附
				件
				张
对方科目		合计		

会计主管:　　　记账:　　　出纳:　　　复核:　　　制证:

(资料来源:张虹、陈艳秋,2014)

单式记账凭证的优点是便于分工记账和汇总;其缺点是在一张凭证上看不出一笔经济业务的全貌,而且使用凭证数量多、内容分散,不便于保管且制证的工作量较大。

表 3-8 贷项记账凭证

贷方科目：

明细科目	摘要	金额	记账
对方科目		合计	

附 件 张

会计主管： 记账： 出纳： 复核： 制证：

（资料来源：张虹、陈艳秋，2014）

记账凭证按其填制程序还可分为一次性记账凭证、汇总性记账凭证、累计性记账凭证。上述收款凭证、付款凭证、转账凭证以及借项记账凭证、贷项记账凭证都是一次性记账凭证，它们是根据原始凭证一次编写完成的。汇总性记账凭证（如科目汇总表）、累计性记账凭证（如汇总记账凭证）是根据一次性记账凭证，按照一定的方法归类汇总编制的。

3.记账凭证的填制要求

汇总性记账凭证和累计性记账凭证将在以后有关章节中详述，这里仅以一次性记账凭证为例，对其填制要求及方法进行介绍。填制记账凭证有三个基本要求。

（1）应考虑原始凭证和原始凭证汇总表及时填制，应按照规定的格式对记账凭证的各个基本内容逐项填列。

（2）在记账凭证上根据经济业务、按复式记账法的记账规则正确编制会计分录，其分录中所使用的账户名称及核算内容应同现行会计制度相吻合，不得随意变更，以保证核算资料口径一致。

（3）记账凭证中的会计分录应保持账户间清晰、正确的对应关系，务必使会计分录能正确反映经济业务。所以，可以编制一借一贷或一借多贷、一贷多借的会计分录，但不能将多种经济业务合并编制多借多贷的会计分录。

4.记账凭证的审核

记账凭证填制完成以后，必须经专人严格审核。通常审核的主要内容包含如下几点。

（1）对照记账凭证复核原始凭证。主要审核记账凭证是否有审核无误的原始凭证,所附原始凭证是否齐全,原始凭证记录的经济内容与数额是否同记账凭证相符。

(2)检查记账凭证中的会计分录是否正确。

(3)检查记账凭证的填制是否符合规定的要求。

四、会计凭证的传递与保管

正确填制和严格审核会计凭证是凭证处理的两个重要环节。为了充分发挥会计凭证在会计核算中的作用,充分利用凭证这一经济档案为企业日后经济管理服务,还必须组织凭证的传递工作,加强会计凭证的保管。

(一)会计凭证的传递

会计凭证的传递是指从原始凭证的填制或取得起,到会计凭证归档保管止,在单位内部有关部门和人员之间,按照规定的时间,沿着一定的路线进行传递和处理的程序。

正确、合理地组织会计凭证的传递,可及时处理和登记经济业务,提高会计核算的及时性;协调单位各部门的工作,正确组织经济活动,加强岗位责任制;加强会计监督等都具有重要的作用。

会计凭证传递的组织工作主要包括以下三点。

(1)规定会计凭证的传递路线。各单位应该根据自身的经济业务的特点、经营管理的需要以及机构设置和人员分工情况,合理设置会计凭证的联次以及流程,使会计凭证沿着最简捷、合理的路线传递。既要确保会计凭证按规定的程序进行审核和处理,又要避免会计凭证在不必要的环节停留,影响传递速度。

(2)规定会计凭证在各个环节的停留时间。企业应该考虑各部门和有关人员在正常情况下办理经济业务所需时间来合理规定会计凭证在各经办部门、环节所停留的时间。既要避免时间过紧,积压凭证,影响业务手续的完成,又要防止不必要的延误,从而保证会计工作的正常秩序,确保所有会计凭证的传递和处理均在报告期内完成。

(3)制定会计凭证传递过程中的交接签收制度。企业应制定相关制度规定凭证的收发、交接手续,保证会计凭证的安全和完整,做到责任明确、手续完备且简便易行。

（二）会计凭证的保管

会计凭证是一种重要的经济档案，必须妥善保管。为此，各单位都应制定严密的凭证保管制度，采取妥善的保管办法，加强并完善凭证的保管。其基本做法如下。

（1）定期整理装订。会计凭证在记账工作结束以后，应定期（每日、每旬、每月）整理装订成册，并在装订处贴上封签，由会计主管人员盖章，以防任意拆装、抽换凭证。

（2）保管和查阅。装订成册的会计凭证，应及时归入档案室集中保管，查阅应履行一定的批准手续。一般就地查阅，需要某一资料时，可复制，但不得抽走原始凭证，以确保档案资料的完整性。

（3）保管期限及销毁。会计凭证是会计档案的重要组成部分之一：其保管期限按其特点分为永久性和定期性两类。根据财政部、国家档案局发布的《会计档案管理办法》规定：企业、建设单位会计档案中的会计凭证保管期限为 15 年，其中涉及外事和对私改造的会计凭证为永久性保管；"银行存款余额调节表"保管期限为 3 年。

第二节　会计账簿

会计账簿是以经过审核的会计凭证为依据，用来序时、分类地记录和反映各项经济业务的簿籍，它由具有一定格式而又相互联系的账页组成。通过填制和审核会计凭证，虽然能反映每一笔经济业务的发生、执行和完成情况，但会计凭证的数量很多、内容分散，容易散失，不利于会计信息的整理与报告。为了给企业提供系统的核算资料，就需要运用登记账簿的方法，把分散在会计凭证上的大量的核算资料，加以集中和归类整理，登记到账簿中去。

会计账簿与账户既有区别，又有联系。两者反映的经济业务的内容是一致的。账户是根据会计科目开设的，账户存在于账簿之中，会计账簿中的每一账页就是账户的存在形式和载体。会计账簿序时、分类地记载经济业务，是在个别账户中完成的。所以，会计账簿与账户的关系，是形式和内容的关系。

一、会计账簿的意义

具体来说,会计账簿主要有如下几点意义。

(一)是编制会计报表的基础

在任何一种会计核算形式下,资产负债表、利润表和现金流量表等会计报表中的数据都来源于会计账簿的记录。在财务报表附注中注明的利润形成及分配情况、财产物资变动情况等内容,也是以账簿记录中的数据为依据。因此,账簿是编制报表的依据,会计报表数据的真实性和可靠性与账簿有直接关系。

(二)为会计分析和会计检查提供资料和依据

账簿记录中记载了资产、负债、所有者权益、收入、费用和利润等数据资料,这些数据资料可以反映企业的财务状况和经营成果,为企业进行财务分析提供依据;同时账簿中的数据资料也有助于会计检查,进行会计监督,以促进企业进行依法经营。

(三)提供系统完整的会计信息

每张会计凭证只能记录和反映个别经济业务,不能系统和全面地反映所有经济业务,会计凭证提供的会计信息是零散的、不连续的。只有通过设置和登记账簿,才能把凭证上提供的零散的、大量的资料归类到账簿中,账簿既可以提供总括资料,又能够提供详细资料;既能够提供分类资料,又可以提供序时资料。总之,根据凭证登记账簿后,账簿提供的信息更完整、更系统、更全面。

二、会计账簿的种类

各个单位为了经营管理的需要,可以设置多种多样、功能各异、结构有别的一整套账簿,形成一个账簿体系,如图 3-2 所示。

总体来说,会计账簿按其账页格式的不同,可以分为两栏式账簿、三栏式账簿、多栏式账簿和数量金额式账簿。

会计账簿按其外表形式的不同,可以分为活页式账簿、订本式账簿和卡片式账簿。

会计账簿按其用途的不同,可以分为序时账簿、分类账簿和备查账簿。

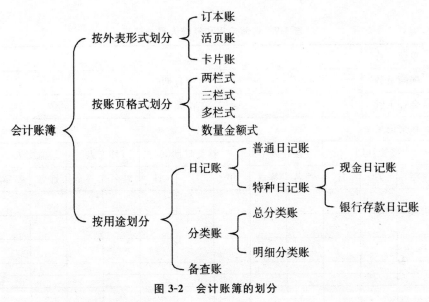

图 3-2　会计账簿的划分

（资料来源：张虹、陈艳秋，2014）

三、会计账簿的设置

每一个单位为了分类、系统、全面地反映其生产经营活动过程，都必须按国家统一会计制度的规定设置和登记账簿，并保证其真实、完整，这是《会计法》的规定，也是会计工作的基本要求。

（一）会计账簿的设置内容

企业由于需要反映的经济内容很多，设置的会计账簿不止一本。而不同的账簿，功能虽然不同，但账簿的基本内容均包括以下内容。

1. 封面

封面主要用来注明编制单位的名称、会计账簿的名称、单位负责人和会计年度等。

2. 扉页

扉页主要反映会计账簿的应用与交接的使用情况。如使用单位名称、账簿名称及编号、账簿起用和截止日期、起止页数、册次、经管人员一览表和签名、交接记录、会计主管人员签名、账户目录等。其格式如表 3-9 与表 3-10 所示。

表 3-9　账簿启用和经管人员一览表

单位名称				账簿名称			
账簿页数				启用日期			
会计主管				单位领导			

移交记录

接管日期			接管人		移交日期			移交人		监交人	
年	月	日	姓名	签章	年	月	日	姓名	签章	姓名	签章
印花税票											

（资料来源：周竹梅，2019）

表 3-10　账户目录（科目索引）

页数	账户名称	页数	账户名称	页数	账户名称

（资料来源：张虹、陈艳秋，2014）

3.账页

账页是账簿的主体，是会计账簿中用来记录经济业务的载体。一本账簿一般由几十张账页，甚至几百张账页连接而成，每张账页的格式统一。不同的账簿其格式因记录经济业务内容的不同而有所不同，但其基本内容均应包括：账户的编号和名称、日期栏、凭证的种类与号数栏、摘要栏、金额栏、总页次与分户页次等。

（二）会计账簿的设置原则

会计账簿的设置是指确认会计账簿的种类,设计会计账簿的格式、内容和登记的方法。任何单位都要考虑本单位经济业务的特点和经营管理的需要,设置一定数量的账簿,并且力求科学严密。一般来说,会计账簿设置应遵循以下一些基本原则。

1.设置的合法性

各单位应当按照《会计法》和国家统一的会计准则的规定,设置会计账簿,严格禁止私设会计账簿进行登记、核算。

2.设置的简便适用性

账簿的格式要按照所记录的经济业务的内容和需要提供的核算指标进行设计,要力求简便适用,避免烦琐复杂。

会计工作离不开记账,记账就要有账簿,所以设置账簿是会计工作的重要环节。因此,任何单位均应根据国家统一的会计制度规定设置相应种类的账簿。

3.设置的全面性、系统性

会计账簿的设置要能够保证全面、系统地反映和监督各个单位的经济活动情况,为经营管理提供系统、分类的会计核算资料。

4.设置的科学性、合理性

各个单位设置的所有会计账簿要形成一个有机的会计账簿体系,该体系要科学严密,在满足需要的前提下,避免重复设账;账簿设置的种类和数量要适应企业的规模和特点。

四、序时账簿与分类账簿

在会计账簿中,序时账簿与分类账簿是两个重要的组成部分,下面就对这两种账簿展开详述。

（一）序时账簿

1.普通日记账的设置和登记

普通日记账是序时登记全部经济业务的日记账。它是根据企业日常发生的经济业务所取得的原始凭证逐日逐笔顺序登记,这样可以不再填制记账凭证,起到记账凭证的作用,因此也称为"分录簿"。普通日记账账页格式一般只设两个金额栏,即"借方金额"和"贷方金额"两栏,登记每一分录的借方账户和贷方账户及金额,这种账户不结余额,因此这种格式又称"两栏"式。其格式如表 3-11 所示。

表 3-11　普通日记账(两栏式)

2015		摘要	会计科目	借方金额	贷方金额	过账
月	日					
	1	收到投入资本	银行存款	10 000		
			实收资本		10 000	
	2	到银行提现金	库存现金	2 000		
			银行存款		2 000	
12	10	购买运输车	固定资产	60 000		略
			银行存款		60 000	
	12	出差预借差旅费	其他应收款	3 000		
			库存现金		3 000	
	……	……	……	……	……	

(资料来源:张虹、陈艳秋,2014)

普通日记账的优点是可以逐日反映全部经济业务的发生和完成情况,但是由于只有一本日记账,不便于分工记账,而且也不能将经济业务加以分类归集,过账的工作量又比较大。因此,在我国企业很少采用。

2.特种日记账的设置和登记

我国企业单位一般设置的特种日记账是现金日记账和银行存款日记账,用以逐日核算和监督现金和银行存款的收入、支出和结存情况。特种日记账的格式主要有三栏式和多栏式两种。

(1)现金日记账。现金日记账是指用来核算和监督库存现金每天的收入、支出和结存情况的账簿,它一般采用订本式账簿。现金日记账由出纳人员根据审核后的现金收款凭证、现金付款凭证和银行付款凭证,按时间顺序逐日逐笔进行登记,并根据"上日余额+本日借方合计-本日贷方合计=本日余额",结出当日现金账存数,与库存现金实存数核对,以核实账、实是否相符。其格式如表 3-12 所示。

表 3-12　现金日记账（三栏式）

20××年		凭证		摘要	对方科目	收入	付出	结余
月	日	种类	号数					
10	1			期初余额				
	1	现付	1	购买办公用品	管理费用			
	1	银付	1	提现	银行存款			
	2	现付	2	预借差旅费	其他应收款			
				⋯⋯				

（资料来源：周竹梅，2019）

多栏式现金日记账是三栏式现金日记账的变化形式。具体做法是在收入和支出栏中按其对应的科目分设若干栏，在月末结账时可按照各个专栏的合计数过入总账。其优点是账簿记录明细，对应关系清晰，便于对现金收支的合理性和合法性进行审核，便于检查财务收支计划的执行情况。多栏式现金日记账的格式如表 3-13 所示。

表 3-13　现金日记账（多烂式）

年		凭证号	摘要	借方				贷方				结余
				应贷科目			合计	应借科目			合计	
月	日			银行存款	其他应收款	⋯⋯		其他应收款	管理费用	⋯⋯		

（资料来源：张虹、陈艳秋，2014）

如果现金对应科目较多,为避免账页过宽,可以分别设置"现金收入日记账""现金支出日记账"。格式如表 3-14 和表 3-15 所示。

表 3-14　现金收入日记账(多栏式)

年		收款凭证号数	摘要	贷方科目				支出合计	结余
月	日			银行存款	其他应收款	……	收入合计		

(资料来源:张虹、陈艳秋,2014)

表 3-15　现金支出日记账(多栏式)

年		付款凭证号数	摘要	借方科目				收入合计	结余
月	日			其他应收款	管理费用	……	支出合计		

(资料来源:张虹、陈艳秋,2014)

(2)银行存款日记账。银行存款日记账是指用来核算和监督银行存款每天的收入、支出和结存情况的账簿。银行存款日记账由出纳人员根据审核后的银行存款收款凭证、银行存款付款凭证和现金付款凭证,按时间顺序逐日逐笔进行登记,并根据"上日余额＋本日借方合计－本日贷方合计＝本日余额",每日结出银行存款账存数,定期与银行送来的对账单核对,以保证账实相符。

银行存款日记账也必须采用订本账,其格式与现金日记账基本相同,只是由于银行存款的收付业务,都是根据特定的银行结算凭证进行的,因此设有"结算凭证种类、号数"栏。三栏式银行存款日记账的格式如表 3-16 所示。多栏式银行存款日记账的格式与多栏式现金日记账完全相同。

表 3-16　银行存款日记账（三栏式）

20××年		凭证		摘要	对方科目		借方	贷方	余额
月	日	种类	编号		种类	号数			
1	1			上年结余					
	5	银付	1	提取备用金	现		库存现金		
	8	银付	2	支付运费	转		销售费用		
	15	银收	1	受到货款			应收账款		
	31			本月合计					

（资料来源：张虹、陈艳秋，2014）

（二）分类账簿

1.总分类账的设置和登记

总分类账的各账户账页格式一般采用三栏式。按规定总分类账必须采用订本式账簿，账簿页次固定，因而在启用账簿时，应根据各账户登记经济业务的多少适当预留账页。总分类账的登记方法也因企业会计核算的组织程序不同而异。可以根据记账凭证逐笔登记，也可以记账凭证经过汇总，编制"汇总记账凭证"或"记账凭证汇总表"后登记。采用"汇总记账凭证"登记总分类账时，应将各账户的借方金额和贷方金额记入该账户同一行次的"借方"和"贷方"栏内。总分类账的一般格式和登记方法，如表 3-17 所示。

表 3-17　总分类账

20××年		凭证		摘要	对方科目	借方	贷方	借或贷	余额
月	日	种类	号数						
10	1			期初余额					
	1	银收	1	收回欠款	银行存款				
	2	转	1	销售产品	主营业务收入				
	2	转	1	销售产品	应交税费				

（资料来源：张虹、陈艳秋，2014）

2.明细分类账的设置和登记

明细分类账是分户记载某一类经济业务的明细情况的账簿。它是根据总账科目下设的二级科目(或明细科目)开设的。明细分类账是总分类账的明细记录。通过明细分类账可以详细地反映各项资产、负债、所有者权益、收入、成本、费用等的详细情况。

明细分类账的账页格式,要结合各种经济业务的内容和经营管理的需要设计,但最常用的有金额三栏式明细账、数量金额式明细账和多栏式明细账。

(1)金额三栏式明细账。金额三栏式明细账的格式,只设有借方、贷方和余额三个金额栏,故称为"金额三栏式明细账"。这种账页格式适用于只需要进行金额核算的账户,如"应收账款""应付账款"等账户的明细分类核算。金额三栏式明细账的一般格式和登记方法,如表 3-18 所示。

表 3-18　金额三栏式明细账

一级科目:应收账款

二级科目:××工厂

20××年		凭证		摘要	对方科目	借方	贷方	借或贷	余额
月	日	种类	号数						

(资料来源:周竹梅,2019)

(2)数量金额式明细账。数量金额式明细账,是在金额三栏式明细账基础上,各栏增设数量、单价栏,并在账页的上端根据需要设置一些项目,如材料、商品类别,名称和规格,计量单位,库存定额等。这种账页格式既适用于进行金额核算,又适用于进行实物数量核算的各种财产物资账户,如"原材料""产成品""库存商品""工程物资"等账户的明细分类核算。数量金额式明细账的一般格式和登记方法,如表 3-19 所示。

(3)多栏式明细账。多栏式明细账是根据经济业务的特点,对账户的借、贷方分设若干专栏进行明细分类核算,以满足管理上的需要。这种账页格式主要适用于收入、成本(费用)等的明细核算以及其他特殊项目的明细核算。多栏式明细账的格式和登记方法,如表 3-20 所示。

表 3-19　数量金额式明细账

原材料明细分类账											
20××年		凭证		摘要	收入			发出			结存		
月	日	种类	号数		数量	单价	金额	数量	单价	金额	数量	单价	金额

（资料来源：周竹梅，2019）

表 3-20　多栏式明细账

管理费用明细账										
20××年		凭证		摘要	贷方科目					贷方	余额
月	日	种类	号数		工资	折扣额	水电费	……	合计		

（资料来源：张虹、陈艳秋，2014）

五、会计账簿的应用规则

为了切实做好记账工作，保证会计核算工作的质量，必须按照一定的规则启用账簿。新设立的企业及其他经济单位，第一次使用账簿，称为"建账"，也称为"开账"。持续经营的企业及其他经济单位，在每个新会计年度伊始，除固定资产明细账等少数分类账簿，因数量多，其价值变动又不大，可以连续跨年度使用外，其他的分类账簿和日记账簿均应在新年度开始时开设新账。各种备查簿也可以连续使用。

（1）启用新的会计账簿，应当在账簿封面上写明单位名称和账簿名称。

（2）在账簿扉页上应当附有启用表，即"账簿启用和经管人员一览表"，详细载明：单位名称、账簿名称、账簿编号、账簿册数、账簿共计页数、启用日期，并加盖单位公章以及会计主管和记账人员私章。更换记账人员时，应办理交接手续，在交接记录内填写交接日期和交接人员姓名（签章）。

（3）账簿第一页应设置账户目录，记录账户名称、各账户页数。

（4）订本式账簿应按顺序编定页数，不得跳页、缺号。活页式账页应按账户顺序编号，定期装订成册，年度终了再按实际使用的账页顺序编定页数和建立账户目录。

（5）在年度开始启用新账簿时，为了保证年度之间账簿记录的相互衔接，应把上年度的年末余额计入新账的第一行，并在摘要栏中注明"上年结转"或"年初余额"字样。

（一）会计账簿的登记规则

为了保证账簿记录的正确、规范，会计人员登记账簿必须遵循下列规则。

1.登记账簿的依据

会计人员必须根据审核无误的会计凭证登记会计账簿，同时还要符合国家统一会计制度和会计准则的规定。

2.登记账簿的时间

各种账簿应当多长时间登记一次，没有统一规定。一般原则是：总账应按照本单位所采用的账务处理程序及时登记；各种明细账登账的间隔时间一般比登总账时间短；现金日记账和银行存款日记账，应当根据办理完毕的收、付款凭证，随时逐笔顺序登记。

3.登记账簿的规范要求

（1）内容完整。登记账簿时，应当将会计凭证日期、编号、业务内容摘要、金额和其他有关资料逐项记入账内，做到数字准确、摘要清楚、登记及时、字迹工整。登记完毕后，记账人员要在会计凭证上签名或盖章，并注明所记账簿的页次，或注明已经记账的符号"√"，以免重记、漏记。

（2）顺序登记。各种账簿应按页次顺序连续登记，不得跳行、隔页。如果发生跳行、隔页，应当将空行、空页划红线注销，或注明"此行空白"或"此页空白"字样，并由记账人员签名或盖章。

（3）正确使用蓝、黑、红墨水。为了使账簿保持持久，便于长期检查使用和防止涂改，登记账簿时要用蓝黑墨水或者碳素墨水书写，不得使用圆珠笔

（银行复写账簿除外）或铅笔书写。但下列情况可以用红色墨水记账。

其一，按照红字冲账的记账凭证，冲销错误记录。

其二，在不设借贷、收付等栏的多栏式账页中，登记减少数。

其三，在三栏式账户的余额栏前，如未印明余额的方向（如借或贷），在余额栏内登记负数余额。

其四，在结账中使用。

其五，根据国家统一会计制度的规定可以用红字登记的其他会计记录。

（4）书写留空。为了保持账簿清晰、整洁，书写的文字和数字要端正、清楚、规范，应紧靠行格的底线书写，大小约占全格的 $1/2$—$1/3$，以便留有改错的空间。

（5）结出余额。凡需要结出余额的账户，结出余额后，应当在"借或贷"等栏内写明"借"或"贷"等字样。没有余额的账户，应当在"借或贷"栏内写"平"字，并在余额栏用"0"表示。现金日记账和银行存款日记账必须逐日结出余额。

（6）过次承前。每一账页登记完毕结转下页时，应当结出本页合计数及余额，写在本页最后一行和下页第一行有关栏内，并在摘要栏内注明"过次页"和"承前页"字样，以保证账簿记录的连续性；也可以将本页合计数及金额只写在下页第一行有关栏内，并在摘要栏内注明"承前页"字样。对需要结计本月发生额的账户，结计"过次页"的本页合计数应当为自本月初起至本页末止的发生额合计数；对需要结计本年累计发生额的账户，结计"过次页"的本页合计数应当为自年初起至本页末止的累计数；对既不需要结计本月发生额，也不需要结计本年累计发生额的账户，可以只将每页末的余额结转次页。

（7）不得擦刮涂改。账簿记录发生错误，不准涂改、挖补、刮擦或者用药水消除字迹，不准重新抄写，必须根据错误的具体情况，采用正确方法予以更正。对实行会计电算化的单位，用计算机打印的会计账簿必须连续编号，经审核无误后装订成册，并由记账人员和会计机构负责人（或会计主管人员）签字或盖章，以防止账页丢失和被抽换，保证会计资料的完整性。总账和明细账应当定期打印。发生收款和付款业务的，在输入收款凭证和付款凭证的当天必须打印出现金日记账和银行存款日记账，并与库存现金核对无误。

（二）会计账簿的更正规则

会计人员应该尽量避免账簿记录中发生错误，但完全避免错误的发生几乎不可能。产生错误的原因有很多，如重记、漏记、数字颠倒或错位、科目记错、借贷方向记反等各种情况。当错误发生时，不得随意涂改、挖补、刮擦或用化学药剂消退错误，只能根据错误的具体情况，按规定的方法更正错误。常用的更正方法有画线更正法、红字更正法和补充登记法。

1.画线更正法

在结账以前，发现记账凭证登账错误（记账凭证本身未错），可用画线更正法予以更正。即在错误的文字或数字上划一红线以示注销，但必须使原有字迹仍可辨认，然后在紧靠被划去的文字或数字的上方，填写蓝黑色的正确文字或数字，并由经办人员在画线的一端盖章，以示负责。对于错误的数字，应全部画线更正，不得只更正其中的错误数字。对于文字差错，可只划去错误的部分。

2.红字更正法

红字更正法亦称"赤字冲账法"。它是用红字冲销原有错误账户的数字，以更正或调整账簿记录的一种方法。它一般适用于以下两种情况。

（1）记账后才发现记账凭证中应借、应贷会计科目使用错误，从而引起记账错误。更正的具体方法是：先用红字填写一张与原记账凭证完全相同的记账凭证（注意：仅金额数字为红字），在摘要栏注明"注销×年×月×日第×号记账凭证的错账"，用红字金额记入有关账簿，以冲销原来的错误记录；然后，再用蓝字编制一张正确的记账凭证，摘要栏中注明"更正×年×月×日第×号记账凭证"，并据以记入有关账簿。

（2）记账后才发现记账凭证的应借、应贷会计科目没有错误，但所记金额大于应记金额，从而引起记账错误。更正的具体方法是：只需将多记金额（即正确数与错误数之间的差额）用红字编制一张与原来记账凭证应借应贷会计科目完全相同的记账凭证，并在摘要栏注明"更正×年×月×日第×号记账凭证的多记金额"，以冲销多记的金额，并据以记入有关账簿。

应用红字更正法更正账簿记录的错误后，各有关账户提供的发生额就符合实际了。注意上述举例是直接以记账凭证登记总分类账户的，明细分类账户也应同时登记。如果以汇总记账凭证登记总分类账户，则红字金额在汇总时即予抵减。

3.补充登记法

补充登记法适用于记账后才发现记账凭证的应借、应贷会计科目没有错误，但所记金额小于应记金额，从而引起记账错误的情况。更正的具体方法是：将少记的金额用蓝字填制一张与原来记账凭证应借应贷会计科目完全相同的记账凭证,并在摘要栏注明"更正×年×月×日第×号记账凭证的少记金额",以补充少记的金额,并据以记入有关账簿。

六、会计账簿的更换与保管

一般来说,总分类账、日记账和大多数明细分类账需要每年更换一次。有些账簿可以跨年度使用,如固定资产卡片账、备查账等。

各种账簿是重要的会计档案,各单位必须按规定妥善保管,不得丢失和任意销毁。年度结账后,会计账簿可由会计部门暂保一年,期满后由会计部门编制移交清册,转交给档案保管部门。

会计账簿应归类整理,编造目录,妥善保管。已归档的会计账簿不得借出,如有特殊需要,经本单位负责人和会计主管人员批准后,方可查阅或复制。

会计账簿是重要的会计档案,必须按照 2016 年 1 月 1 日执行《会计档案管理办法》规定的期限进行妥善保管。各种账簿的保管期限分别是:日记账、总账和明细账保管期限为 30 年;固定资产卡片账在固定资产报废清理后应继续保存 5 年;涉外账簿应长期保管。保管期满后,应按照相关的程序经审批后才能销毁。

第四章　财产清查

　　财产清查是七种会计方法之一,采用这种方法进行相关交易或者事项的财务处理,可以保证账簿记录的真实性与准确性,并为提高会计信息质量提供有力支持。本章主要介绍财产清查的基础知识、存活的盘存、财产清查方法及结果的处理。

第一节　财产清查概述

一、财产清查的概念

　　财产清查是对企业的货币资金、存货、固定资产等实物资产和债权债务等进行盘点或核对,并将清查盘点结果与相关的账簿记录资料进行核对,据以查明各项财产与实际结存数量与其账面结存数量以及债权债务的实际状况是否相符的一种专门方法。财产清查的定义可结合图 4-1 加以理解。

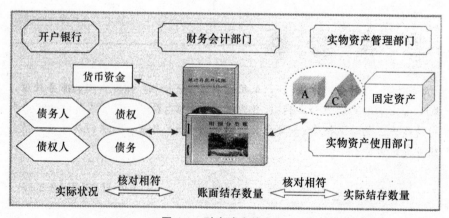

图 4-1　财产清查的定义

（资料来源：张捷、刘英明,2019）

在实务中,企业对发生的所有交易或事项都要采用专门的会计方法进行账务处理,记入有关账簿(账户)。特别是对货币资金、原材料和设备等实物资产的增减变动以及债权债务的产生与结算等重要交易或事项,更要采用严密的方法及时进行账务处理,以确保账簿记录准确反映以上交易或事项的真实状况。但在企业内部,账簿的记录与货币资金和各种实物资产的保管及使用等往往是由不同部门分工负责的,为保证会计部门的账簿记录情况与企业各种财产物资等的实际情况一致,就需要采用一定的方法定期或不定期地进行财产清查,并将清查结果与账簿记录情况进行核对,借以查明账实是否相符。

从财会部门内部来看,为确认其所管理的货币资金与账面记录情况是否相符,需要与开户银行以及在内部有关部门之间进行核对。此外,企业为确认债权债务情况,也应定期或不定期地与债务人和债权人进行核对,以确保债权债务的实际情况与账面的记录相符。

二、财产清查方法的重要地位

与成本计算方法一样,财产清查方法并不主要用于对交易或事项的账务处理,但其在企业整个会计循环中的重要地位不可小觑。财产清查方法的重要地位可结合图 4-2 加以理解。

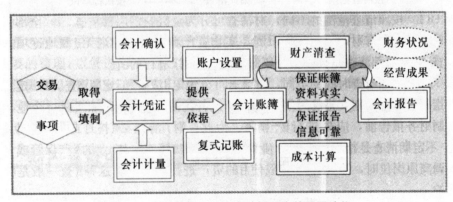

图 4-2 财产清查方法在会计循环中的重要地位

(资料来源:张捷、刘英明,2019)

(1)财产清查是保证账簿所提供的资料更为真实客观的一种方法。财产清查是从会计记录的结果与实物财产的实有状况是否吻合的角度进行检验和处理的方法。为使各项财产物资的账面数与其实际状况完全相符,就需要进行财产清查,将清查结果与账面记录核对,在发现二者不一致时及时进行处理,使二者之间能够达到完全吻合,保证账簿记录所提供的资料更为真实客观。

(2)财产清查是保证企业报告的会计信息完整可靠的一种方法。财产清查方法可以为财务报告的编制提供可靠数据,使财务报告所提供的信息更加真实公允。编制财务报告是账簿登记的延续,是加工整理并提供会计信息所采用的具体方法。但财务报告的编制必须以账簿记录的真实、完整和可靠为基本前提,而账簿记录真实、完整和可靠的一个重要方面是各种财产物资的实有数与其账簿记录相符。财产清查方法的应用可以达到使二者之间完全相符的目的,从而使财务报告的编制建立在更加可靠的基础上,切实提供企业真实、完整和可靠的财务状况和经营成果信息,进而为财务报告使用者进行相关经济决策提供有益的帮助。

三、财产清查的种类

根据财产清查的范围、时间和执行单位的不同,可以对财产清查进行分类。对财产清查的种类可结合图 4-3 加以理解。

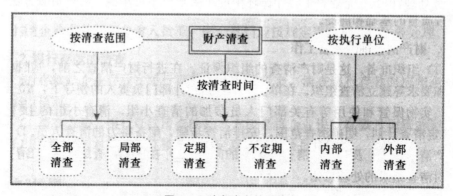

图 4-3　财产清查的种类

(资料来源:张捷、刘英明,2019)

(1)按照财产清查的范围不同,可以分为全面清查和局部清查。

其一,全面清查。全面清查是指对全部财产进行盘点与核对。全面清查的范围大、内容多、时间长、参与人员多。应该进行全面清查的几种情况主要包括:年终决算前,单位合并、撤销以及改变隶属关系前,中外合资、国内合资前,企业股份制改制前,开展全面的资产评估、清产核资时,单位主要领导调离工作前等。

其二,局部清查。局部清查是指根据需要对部分财产进行盘点与核对,其主要是对货币资金、存货等流动性较大的财产的清查。局部清查范围小、内容少、时间短、参与人员少,但专业性较强。例如,对库存现金应每日清点一次,银行存款每月至少同银行核对一次,债权债务每年至少核对一至两次,各项存货应有计划、有重点地抽查,贵重物品每月清查一次。

(2)按照财产清查的时间不同,可以分为定期清查和不定期清查。

其一,定期清查。定期清查是指根据计划安排的时间对财产进行的清查。定期清查一般在期末进行,可以在财产管理制度中予以规定。定期清查可以是全面清查,如年终结算前的清查;也可以是局部清查,如季末、月末结账前的清查。

其二,不定期清查。不定期清查是指根据实际需要对财产物资所进行的临时性清查。不定期清查一般是局部清查,如改换财产物资保管人员时进行的有关财产物资的清查、发生意外灾害等非常损失时进行的损失情况的清查、有关部门进行的临时性检查等。需要注意的是,不定期清查也可以是全面清查,如合资、改制、撤销前的清查。

(3)按照财产清查执行单位的不同,可以分为内部清查和外部清查。

其一,内部清查,是指企业组织内部有关人员对本企业财产进行的清查。

其二,外部清查,是指由企业外部的有关部门或人员根据有关规定对本企业财产进行的清查。例如,企业的上级管理部门和保险公司等由于某些方面的需要而对本企业财产所进行的清查等。

四、财产清查的重要意义

(1)进行财产清查能够保证账簿记录的真实准确,确保账实相符。在实务中,由于诸多因素的影响,财产物资等的账面记录情况与其实际状况之间有时会出现差异。例如,自然损耗、收发过程中计量不准确、自然灾害的破坏以及贪污或盗窃等,都会引起企业资产的流失和短缺,从而导致各种财产物资的实际情况与其账簿记录不符,即账实不符。企业的债权也有可能由于债务人清偿能力的不足或清算、破产等原因使债权企业不能按预期收回或不能足额收回。因此,为了保证账簿记录的真实准确,确保账实相符和企业财产的安全完整,就必须定期或不定期地进行清查。

(2)进行财产清查能够真实反映企业的财务状况,确保财务报告质量。企业进行财产清查的根本目的在于切实反映资产的状况,通过对财产进行清查,及时反映由于某些特殊原因(如盘盈、盘亏或毁损)增加或减少的资产,切实确认企业的债权债务,并经过财务处理使企业的财产物资和债权债务等的实际情况与其账面记录达到完全一致,使账簿记录能够真实地反映企业的资产、负债等情况。分析可知,企业的资产、负债状况是企业财务状况的主要构成部分,也是企业向财务报告使用者提供相关会计信息的主要内容,因此进行财产清查,夯实企业资产的真实结存数额等,是保证财务报告质量的基础和前提。

(3)财产清查为会计信息系统的有效运行提供了一定的保证。会计以凭证形式输入资金运动发出的初始信息,经过确认、分类、记录、整理和汇总,最后以财务报表为载体输出供决策用的真实可靠的财务信息。在对会计信息质量的要求中,财务报表信息的可靠性最为重要。为避免信息在传输过程中受主客观因素干扰而失真,复式簿记系统本身就有一定的内部控制机制发挥前馈控制作用。

为了进一步核实日常核算信息(主要是簿记信息)是否如实反映情况,在编制财务报表前要进行财产清查。通过财产清查,可以查明各项财产物资的实际结存数,并与账簿记录核对,以发现记账中的错误,确定账实是否相符。若不相符,要查明原因,分清责任,并按规定的手续及时调整账面数字,直至账实相符。只有这样,才能保证根据账簿信息编制的财务报表真实可靠,从而提高会计信息质量。

(4)财产清查为内部控制制度的实施创造了有利的条件。建立合适的内部会计监督制度,特别是其中的内部牵制制度的目的之一是健全财产物资的管理制度,保护财产物资的安全与完整,提高经营效率。内部会计监督制度是否执行、有效与否,又可以通过财产清查这一方法来检查。通过财产清查可以查明各项财产物资的保管情况,如是否完整,有无毁损、变质、被非法挪用、贪污、盗窃等;还可以查明各项财产物资的储备和利用情况,如有无储备不足,有无超储、积压、呆滞现象等;以便及时采取措施,堵塞漏洞,加强管理,建立健全有关内部牵制制度。

五、财产清查前的准备工作

(一)组织准备

组织准备是财产清查的组织保证。在进行财产清查之前,应根据清查的范围和要求等建立清查组织。在单位负责人和会计部门负责人的领导下,成立由财会、技术、实物保管和使用等有关部门人员参加的清查小组。

清查小组的主要任务如下。

第一,制订清查计划,明确清查范围,安排清查步骤,配备得力的清查人员。

第二,具体组织财产清查工作,及时解决清查中出现的问题。

第三,在财产清查结束后做出清查总结,提出对清查结果的处理意见。

(二)业务准备

业务准备是进行财产清查的必要条件。

第一,会计部门的账簿资料准备。财产清查人员应将当前所有的交易或事项登记入账,做到账证相符、账账相符,为财产清查提供可靠依据。

第二,物资保管部门的物资整理准备。财产清查人员应检查财产物资收发和保管的凭证手续是否齐全,并与会计部门有关财产物资的账簿记录核对相符。对各种实物资产进行必要的整理,以便进行实物盘点。

第三,清查量具等的准备。财产清查人员应准备好必要的计量器具,以便对在清查中需要计量的资产进行计量。还要准备好必要的表格,以便及时登记财产清查中应当记录的事项。

六、财产清查的内容

(一)货币资金清查

货币资金清查具体包括库存现金的清查和银行存款的清查。

1. 库存现金的清查

库存现金是指企业存放于财会部门,可以随时用于日常交易或事项支付的货币资金。

(1)清查方法。对库存现金清查一般采用实地盘点法。每日终了,应当在库存现金日记账上计算当日的现金收入合计数、现金支出合计数和结余数,再对库存现金进行盘点确定其实有数,并将库存现金日记账上的结余数与库存现金实有数进行核对,做到账实相符。

(2)清查手续。对库存现金进行盘点并核对后,如果账实不符,应根据核对结果填写库存现金盘点报告表,并由盘点人员和出纳员共同签名或盖章。库存现金盘点报告表是进行库存现金清查结果处理的重要原始凭证,其格式及内容如表4-1所示。

表 4-1　库存现金盘点报告表

年　月　日

实存金额	账存金额	实存金额与账存金额对比		备注
		盘盈（长款）	盘亏（短款）	
盘点后得到的实际结存金额	企业库存现金日记账金额	实存金额多于账存金额	实存金额少于账存金额	

（资料来源：张捷、刘英明，2019）

对库存现金清查中发现的盘盈（长款）、盘亏（短款），清查人员应认真查明原因，及时报请企业有关部门负责人批准，财会部门应按规定进行相关的账务处理。

2.银行存款的清查

银行存款是企业存放在银行存款户的货币资金，清查银行存款时应与企业的开户银行进行核对。

（1）清查方法。银行存款清查的基本方法是将企业银行存款日记账的记录情况与其开户银行转来的对账单逐笔核对，确定双方的记录是否相符。

（2）清查手续。经过核对，如果企业的银行存款日记账与银行对账单双方记录一致，说明不存在问题；如果双方记录不一致，则应查明原因。双方记录不一致的原因主要有如下两点。

其一，可能在银行或企业的某一方存在错账，如方向记错或金额写错等，企业应及时与开户银行沟通并加以更正。

其二，可能存在未达账项。如果存在未达账项，企业应编制银行存款余额调节表进行调节，借以确认双方的记录是否相符。

（3）未达账项。未达账项是指企业与其开户银行之间由于结算凭证传递时间上的差异，导致双方记账时间不一致，对于双方都应予登记的同一笔交易或事项，一方已经登记入账，另一方由于没有接到有关结算凭证而暂未登记入账的款项。例如，假定盛荣公司委托其开户银行向购货方收取的货款已经收回，银行已记入企业开立的存款户。开给企业的入账通知（结算凭证）也已发出，但盛荣公司暂未接到入账通知。这时就会出现银行已收款记账，而企业暂未登记银行存款日记账的情况，从而形成"银行已收款记账，企业未收款记账"这种未达账项（图4-4）。

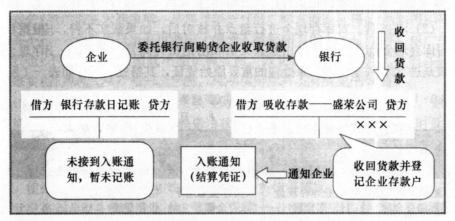

图 4-4　银行已收款记账，企业未收款记账的未选账项

（资料来源：张捷、刘英明，2019）

未达账项并非只有上述一种情况。从企业和银行双方来看，未达账项可以分为两类：一类是企业已经入账而银行尚未入账的款项；另一类是银行已经入账而企业尚未入账的款项，具体包括以下四种情况（图 4-5）。

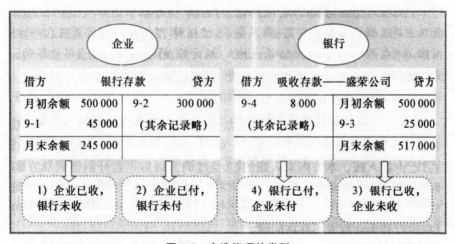

图 4-5　未选账项的类型

（资料来源：张捷、刘英明，2019）

①企业已收，银行未收，即企业已收款入账，而银行尚未收款入账的款项。

例 4-1：

12 月 29 日，盛荣公司收到购货方开具的用于支付货款 45 000 元的转账支票一张。企业已记银行存款增加,但企业尚未到银行办理转账手续,银行尚未记企业存款增加。

②企业已付,银行未付,即企业已付款记账,而银行尚未付款记账的款项。

例 4-2:

12 月 29 日,盛荣公司开出转账支票 300 000 元支付购料款,但持票人尚未到银行办理转账手续。企业已记银行存款减少,但银行尚未记企业存款减少。

③银行已收,企业未收,即银行已收款入账,而企业尚未收款入账的款项。

例 4-3:

12 月 30 日,银行受盛荣公司委托收回某购货企业汇来的购货款 25 000 元。银行已记企业存款增加,但收款通知还未送达企业,企业尚未记银行存款增加。

④银行已付,企业未付,即银行已付款记账,而企业尚未付款记账的款项。

例 4-4:

12 月 31 日,根据企业与银行双方预先达成的协议,银行从盛荣公司的存款中支付其应缴纳的水电费 8 000 元给水电管理部门,但企业尚未接到付款通知。银行已记企业存款减少,但企业尚未记银行存款减少。

假定除以上未达账项的四种情况,其他账项的登记在企业与银行双方是相同的,也不应存在其他方面的错账。

(4)银行存款余额调节表的编制方法。先在该表中分别抄入企业银行存款日记账和银行对账单在对账日的余额,之后加上对方已收款入账、本方尚未入账的款项,减去对方已付款入账、本方尚未入账的款项。经过调节以后,会分别得到双方账户新的余额。调节以后的余额就是假定在消除了未达账项因素影响之后双方账户的真实记录结果。在不存在其他问题的情况下,这两个余额应当是相等的,说明银行存款收支的记录在银行和企业双方不存在问题。

例 4-5:

盛荣公司 12 月 31 日接到开户银行转来的对账单,余额为 517 000 元;当日企业银行存款日记账的余额为 245 000 元。经核对,发现有 4 笔未达账项(见例 4-1 至例 4-4),编制银行存款余额调节表,该表的基本编制方法如图 4-6 所示。

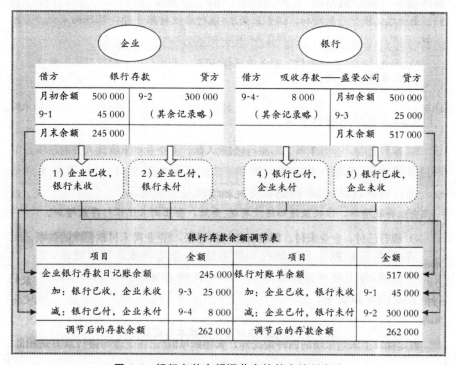

图 4-6　银行存款余额调节表的基本编制方法

（资料来源：张捷、刘英明，2019）

（二）固定资产清查

1. 固定资产清查的内容

在产品生产企业，固定资产清查的内容主要包括：企业购买的用于产品生产或经营管理的房屋、建筑物以及各种设备等。清查的目的是保证各种固定资产的实际结存数量与其账面结存数量完全相符。

2. 固定资产清查的方法

固定资产清查的基本方法是实地盘点法，一般采用全面盘点法。将通过实地盘点得到的各种固定资产的实有数量分别与其账面的结存数量进行核对，借以确定账实是否相符。

3. 固定资产清查的手续

进行固定资产清查应填写盘存单和实存账存对比表。盘存单是在固定资产清查过程中填写的,反映固定资产的实存数量,目的是为与各种固定资产账面数的核对提供依据。实存账存对比表是将盘存单上的实存数量与账面数量核对以后,根据固定资产账实不符的情况填制的单据。

(三)往来款项清查

1.往来款项清查的方法

对各种往来款项的清查一般应采用询证核对法,即由企业根据有关账户记录的情况,开具往来款项对账单,寄发或派人送交对方,与债务人或债权人进行核对,以确定账面记录与实际情况是否相符。

2.往来款项清查的手续

清查时,应根据企业的债权和债务情况,填写往来款项对账单,交由对方进行核对,并由核对方提出确认或不确认的意见。往来款项对账单的基本格式及内容如表4-2所示。

表 4-2 往来款项对账单的基本格式及内容

往来款项对账单

G 公司:

你单位 2018 年 8 月购入我单位 M 产品 20 件,总货款为 232 000 元,已付 200 000 元,尚有 32 000 元未付,请核对后将回联单寄回。

核查单位:盛荣公司(盖章)

2018 年 12 月 25 日

沿此虚线裁开,将以下回联单寄回。

往来款项对账单(回联)

盛荣公司:

你单位寄来的往来款项对账单已收到,经核对无误。

G 公司(盖章)

2018 年 12 月 30 日

(资料来源:张捷、刘英明,2019)

(四)存货清查

1.存货清查的内容

在产品生产企业,存货是指企业购入的准备用于产品生产的原料和材料、处于生产过程中的在产品,以及生产完工但暂未销售的产成品,主要包括原材料、在产品(生产成本)和库存商品等。

存货清查的目的在于查明各种存货的实际结存数量与其账面结存数量是否相符。由此可见,存货实际结存数量是存货清查需要解决的关键,而存货实际结存数量的确定方法与企业采用的存货盘存制度有密切关系。

2.存货清查的方法

进行存货清查的基本做法是实地盘点法。由于存货的实物形态和存放或使用方式等各不相同,因此对其进行实地盘点的做法也有所不同。具体方法如下所述。

(1)全面盘点法,就是对企业的所有存货通过点数、过磅和丈量等方法确定其实有数量。一般用于原材料、包装物、在产品和库存商品等存货的清查。

(2)技术推算法,是指利用技术推断方法确定存货实有数量的一种方法。一般用于零散堆放的大宗材料等存货的清查。

(3)抽样盘存法,是指采用抽取一定数量样品的方式确定存货实有数量的一种方法。一般用于数量比较多、重量和体积等都比较均衡的存货的清查。

(4)函证核对法,是指采用向对方发函的方式对存货的实有数进行确定的一种方法。一般用于委托外单位加工或保管存货的清查。将实地盘点或核对的结果分别与其账面的结存数量进行核对,可以确定存货的账实是否相符。

3.存货清查的手续

进行存货资产的清查应填写盘存单和实存账存对比表。盘存单是在存货清查过程中填写的单据,反映的是存货的实存数量,填写盘存单是为与各种存货的账面数量进行核对提供依据。实存账存对比表是在将盘存单上的实存数量与账面数量核对以后,根据存货账实不符的情况填制的单据。盘存单和实存账存对比表的一般格式及内容如表4-3和表4-4所示。

表 4-3　盘存单

单位名称：　　　　　　　盘点时间：　　　　　　　编号：
财产类别：　　　　　　　存放地点：

序号	名称	规格型号	计量单位	实存数量	单价	金额	备注

表 4-4　实存账存对比表

单位名称：　　　　　　　　　年　月　日

财产名称	实存数量	账存数量	实存与账存对比		备注
			盘盈	盘亏	
	（盘点后确认的实际数量）	（账面上的现有数量）	（实存数量大于账面数量之差）	（实存数量小于账面数量之差）	

盘点人签章：　　　　　保管人员签章：

第二节　存货的盘存

财产物资盘存制度规定了各种财产物资收入、发出、结存在账簿中的记录和确定方法、有关数字之间的联系以及财产清查的要求。财产清查的重要环节是盘点财产物资，财产物资的盘存制度有永续盘存制和实地盘存制两种。在不同的盘存制度下，各项财产物资在账簿中的记录方法和清查盘点要求不同。

一、永续盘存制

永续盘存制又称"账面盘存制"，是对财产物资的增减变化，根据会计凭证在账簿中逐日逐笔详细登记,并可以随时计算出账面余额的一种盘存制度。

例4-6:

蓉城股份有限公司的材料采用永续盘存制,其账簿记录的方法如表4-5所示。

表4-5 材料明细分类账

材料名称:甲材料

2015年		凭证		摘要	单价	收入		发出		结存	
月	日	种类	号数			数量	金额	数量	金额	数量	金额
3	1			期初余额	100					80	8 000
	3			购入	100	50	5 000			130	13 000
	8	略	略	领用	100			80	8 000	50	5 000
	15			领用	100			40	4 000	10	1 000
	29			购入	100	70	7 000			80	8 000
	30			购入	100	20	2 000			100	10 000
				合计		140	14 000	120	12 000	100	10 000

(资料来源:张虹、陈艳秋,2014)

从表4-5甲材料的明细账中可以看出,采用永续盘存制能在账面上及时反映出各种财产物资的增加、减少、结存数额,可以通过账存数与实存数的对比,发现财产物资盈余、短缺情况,以便查明原因,改进管理工作。

二、实地盘存制

实地盘存制是指平时只记收入、不记发出,期末采用实际盘点的方法来倒推确定实存数量,以实存数量作为账存数量,从而计算结存余额和本期发出数,并在账上登记的一种盘存制度。

具体做法:平时只在账簿中对各项财产物资收入数额进行详细登记,对于发出数额不做登记。期末以实地盘点的数量作为账存数量计算结存余额,倒推出本期发出数量和金额,并分别记入财产物资明细账的发出(贷方)和结存栏内。

例4-7:

蓉城股份有限公司的材料采用实地盘存制,其账簿记录的方法如

表 4-6 所示。

表 4-6　材料明细分类账

材料名称:甲材料

2015 年		凭证		摘要	单价	收入		发出		结存	
月	日	种类	号数			数量	金额	数量	金额	数量	金额
3	1			期初余额	100					80	8 000
	3	略	略	购入	100	50	5 000				
	23			购入	100	70	7 000				
	30			购入	100	20	2 000				
	30			本月发出				122	12 200		
				合计		140	14 000	122	12 200	98	98 000

(资料来源:张虹、陈艳秋,2014)

在本例中,甲材料采用实地盘存制,月末实地盘点甲材料实存 98 公斤,则本期发出数量计算如下:

$$本期发出数量＝期初结存＋本期收入－期末结存$$
$$＝80＋140－98＝122(公斤)$$

第三节　财产清查的方法及结果的处理

一、财产清查的方法

(一)实地盘点法

实地盘点法是指在财产物资的存放现场通过逐一清点或用计量器具确定其实存数量的方法。此方法适用范围广泛,大多数财产物资清查都可以采用,如逐台清点有多少台机器设备、用秤称材料的重量等。

存货的清查主要是查明各种存货的实际结存数量与其账面结存数量是否相符,进行存货清查的基本方法是实地盘点法。由于存货的实物形态和存放或使用方式等各不相同,因此对其进行盘点的具体方法也有所不同。

(二)查询核对法

查询核对法是指查账人员对查账过程中发现的疑点和问题,通过调查和询问被查单位内外有关人员,了解书面资料未能详尽提供的信息以及书面资料本身存在的问题,弄清事实真相,取得证据的一种方法。

例 4-8:

蓉城股份有限公司 2015 年 3 月 31 日银行存款日记账的余额为 112 000 元,银行对账单的余额为 148 000 元,经核对发现以下未达账项。

(1)企业将收到的销货款 4 000 元存入银行,企业已登记银行存款增加,而银行尚未记增加。

(2)企业开出转账支票 36 000 元支付购料款,企业已登记银行存款减少,而银行尚未记减少。

(3)收到某单位汇来的购货款 20 000 元,银行已记增加,企业尚未记增加。

(4)银行代企业支付水电费 16 000 元,银行已登记减少,银行尚未记减少。

银行存款余额调节如表 4-7 所示。

表 4-7　银行存款余额调节表

2015 年 3 月 31 日

项目	金额	项目	金额
企业银行存款日记账余额	112 000	银行对账单余额	148 000
加:银行已收企业未收	20 000	加:企业已收银行未收	4 000
减:银行已付企业未付	16 000	减:企业已付银行未付	36 000
调节后的存款余额	116 000	调节后的存款余额	116 000

(资料来源:张虹、陈艳秋,2014)

经过调节以后,企业与银行双方账目必须相符。否则,说明记账有错误,应及时查明原因予以更正。需要指出的是,调节账面余额并不是更改账簿记录,对于银行已经入账而本单位尚未入账的"未达账项"不做账务处理。但对于长期悬置的"未达账项",应及时查阅凭证、账簿及有关资料,查明原因,必要时应与银行联系,查明情况,及时解决悬账问题。由于企业与银行之间的往来款项很多,又涉及与其他单位或个人的货币结算关系,因此必须定期(每月至少一次)做好银行往来账项的核对工作,以保证核算的正确。

(三)经验估算法

经验估算法是指利用经验或技术方法对财产的实存数进行推算的一种方法。这种方法又称"估堆",一般适用于散装的、大量成堆且难以逐一清点其实存数的各种资产,如煤、盐、化肥、饲料等的清查。

二、财产清查结果的处理

(一)财产清查结果的基本含义

财产清查结果一般是指企业在经过清查以后所确认的各种财产的账面结存数量与其实际结存数量之间的差额,即盘盈或盘亏,体现为账实不符。债权债务的清查结果是指在清查中发现的无法收回的应收账款或无法支付的应付账款等,体现为这些款项的账面记录与其实际状况不符。财产清查结果处理是指对以上清查结果进行的账务处理。对财产清查结果的内容可结合图 4-7 加以理解。

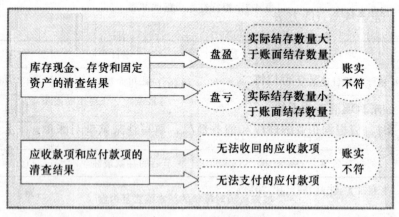

图 4-7 财产清查的结果

(资料来源:张捷、刘英明,2019)

货币资产和实物资产的清查结果具体包括对企业的库存现金、库存材料、库存商品和房屋及设备等进行清查的结果,不包括在银行存款清查过程中发现的未达账项。债权和债务的清查结果是指企业在财产清查中确认的债务人所拖欠的应收账款发生的坏账,以及企业应当偿还但无法向债权人支付的款项。对债权和债务的清查结果需采用不同于货币资产和实物资产清查结果的账务处理方法。

(二)财产清查结果处理的主要步骤

对在财产清查中发现的盘盈和盘亏,应按以下步骤进行处理。

(1)核准盈亏金额,提出处理意见。财产清查结束以后,清查人员要核准盈亏金额,查明盈亏的性质和原因,据实提出处理意见,并报告给单位负责人或有关部门。

(2)调整账簿记录,做到账实相符。会计人员根据财产清查的有关原始凭证调整账簿记录,做到账实相符。同时,将发生的盘盈和盘亏在专门的账户中记录,以待处理。

(3)报经批准以后,核销盘盈盘亏。会计人员应根据单位负责人或有关部门的批准意见,将待处理的盘盈和盘亏等予以转销。

对在财产清查中发现的坏账及无法支付的款项,应根据上述处理原则进行账务处理。

(三)财产清查结果的账务处理

1.库存现金清查结果的账务处理

进行库存现金清查结果的账务处理,主要设置"待处理财产损溢"账户。此外,库存现金清查结果的账务处理要涉及"库存现金"和"其他应收款"等账户。这里重点介绍"待处理财产损溢"账户。

进行库存现金盘盈、盘亏账务处理的基本做法是:

当库存现金盘盈时,应记入"库存现金"账户的借方,以保证账实相符,同时记入"待处理财产损溢"账户的贷方,等待批准处理。

当库存现金盘亏时,应记入"库存现金"账户的贷方,以保证账实相符,同时记入"待处理财产损溢"账户的借方,等待批准处理。经批准后,对库存现金盘盈和盘亏,应根据其产生的原因采取不同的处理方法。

一般来说,对于无法查明原因的库存现金盘盈,经批准后可记入"营业外收入"账户,同时记入"待处理财产损溢"账户的借方;对于已经查明原因应付给其他单位或个人的库存现金盘盈,应记入"其他应付款"账户,并记入"待处理财产损溢"账户的借方;对于库存现金的盘亏,如果应由责任人(一般为出纳员)赔偿的,应记入"其他应收款"账户,同时记入"待处理财产损溢"账户的贷方。

为对库存现金清查结果进行账务处理设置的账户及有关账户之间的对应关系如图4-8所示。

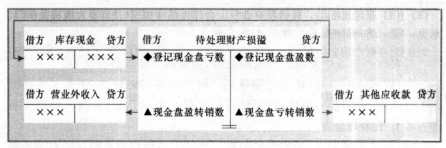

图4-8 库存现金清查结果账务处理的账户设置及其对应关系

(资料来源:张捷、刘英明,2019)

现举例说明库存现金清查结果的账务处理。

例4-9:

盛荣公司在库存现金清查中发现长款(盘盈)200元。反复核查来查明原因,经批准转作企业的营业外收入。

对发现的库存现金盘盈首先应调整账簿记录,做到账实相符。应填制收款记账凭证,会计分录为:

    借:库存现金　　　　　　　　　　　　　　　　　200

      贷:待处理财产损溢　　　　　　　　　　　　　　　　　200

经批准后转作企业的营业外收入,对盘盈进行转销。应填制转账记账凭证,会计分录为:

    借:待处理财产损溢　　　　　　　　　　　　　　200

      贷:营业外收入　　　　　　　　　　　　　　　　　200

例4-10:

盛荣公司在库存现金清查中发现短款(盘亏)300元。经查,属于出纳员的保管责任,应由出纳员赔偿。

对发现的库存现金盘亏首先应调整账簿记录,做到账实相符。应填制付款记账凭证,会计分录为:

    借:待处理财产损溢　　　　　　　　　　　　　　300

      贷:库存现金　　　　　　　　　　　　　　　　　300

经批准后由出纳员赔偿。应填制转账记账凭证,会计分录为:

    借:其他应收款　　　　　　　　　　　　　　　　300

      贷:待处理财产损溢　　　　　　　　　　　　　　　300

库存现金清查结果在总分类账户中的记录情况如图 4-9 所示。

借方	待处理财产损溢	贷方
9-7	200	9-7 200
9-8	300	9-8 300

借方	库存现金	贷方
×××	9-8	300
9-7 200		

借方	营业外收入	贷方
	9-7	200

借方	其他应收款	贷方
9-8 300		

图 4-9 库存现金清查结果在总分类账户中的记录情况

（资料来源：张捷、刘英明，2019）

2.存货清查结果的账务处理

存货清查结果的账务处理主要包括在财产清查中发现的库存材料、库存商品的盘盈和盘亏的账务处理。

存货清查结果的账务处理也主要通过"待处理财产损溢"账户进行，此外涉及"原材料、库存商品"等账户。存货清查结果账务处理的账户设置及其对应关系如图 4-10 所示。

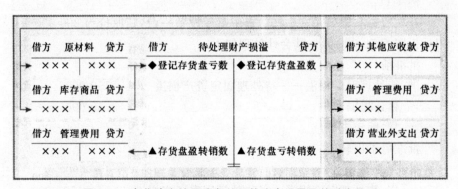

图 4-10 存货清查结果账务处理的账户设置及其对应关系

（资料来源：张捷、刘英明，2019）

3.固定资产清查结果的账务处理

固定资产清查结果的账务处理主要包括处理固定资产在清查中发现的盘亏和盘盈。

进行固定资产盘亏的账务处理，应通过"待处理财产损溢"账户进行。

根据我国《企业会计准则——应用指南》的规定,固定资产的盘盈应作为前期差错处理,而不再记入"待处理财产损溢"账户。

在固定资产盘亏的账务处理中会涉及盘亏固定资产已提折旧额等的处理问题,即在进行有关账户的账面调整时,一方面要按盘亏固定资产的原价记入"固定资产"账户的贷方(减少数);另一方面要按该固定资产已提取的折旧额记入"累计折旧"等账户的借方(减少数),以转销已经在企业中消失的盘亏固定资产的所有账面记录资料。

固定资产盘亏账务处理的账户设置及其对应关系如图4-11所示。

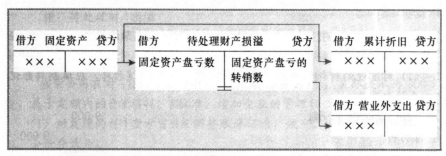

图4-11 固定资产盘亏账务处理的账户设置及其对应关系

(资料来源:张捷、刘英明,2019)

例4-11:

蓉城股份有限公司在财产清查中盘亏设备一台,其原价为200 000元,累计折旧为50 000元。其会计处理如下。

批准前:

借:待处理财产损溢——待处理固定资产损溢　　　150 000

　　累计折旧:　　　　　　　　　　　　　　　　 50 000

　　　贷:固定资产　　　　　　　　　　　　　　　　　　　200 000

批准后予以转销:

借:营业外支出　　　　　　　　　　　　　　　　150 000

　　贷:待处理财产损溢——待处理固定资产损溢　　　　　　150 000

第五章 财务会计报告

财务会计的最终成果和企业外部利益相关者了解企业财务状况的主要窗口就是会计报告。可以说,财务会计报告是以企业财务业绩为重心,以资产负债表、损益表和现金流量表为主要形式的信息报告制度,其是会计内容的重要组成部分,也是会计环境的产物。本章就对财务会计报告的相关知识进行探究。

第一节 财务会计报告概述

一、财务会计报告的界定

财务会计报告是指企业对外提供的,反映企业某一特定日期财务状况和某一会计期间经营成果、现金流量的文件。[①] 财务会计报告主要涉及财务报表和其他应当在财务会计报告中披露的相关信息与资料。[②]

通过编制财务会计报告,企业可以将一定时期分散地反映在凭证、账簿中的会计信息系统全面地提供给报告使用者。例如,对企业的投资者来说,可以通过财务会计报告获得有用的信息,从而判断投资风险,估计投资回报,科学地选择投资方案;对于债权人来说,可以通过财务会计报告了解企业的偿债能力,对企业进行信用评级,制定信贷决策;对于国家经济管理部门来说,可以通过财务报告了解经济资源配置的状况和效益,评价企业的财务状况和经营成果对所在行业的影响,从而进行有效的管理;此外,还能为企业经营管理者评价经营业绩、改善经营管理提供会计信息等。

---

① 杨雄.中小企业会计实务[M].北京:北京理工大学出版社,2011:235.
② 汪静.财务会计[M].北京:人民邮电出版社,2010:263.

二、财务会计报告的构成

　　财务会计报告一般由财务会计报表、补充报告和其他报告等内容组成。其中财务会计报表主要有资产负债表、利润表、现金流量表以及报表附注部分,基本报表涵盖了企业的三个方面,即财务状况、经营成果和现金流量状况。对于不能在基本报表中报出的会计政策、或有事项、非常事项以及存货计价方法等可以用报表附注的形式反映出来。补充报告和其他报告部分用于揭示不能列报入财务报表的非正式信息等。图 5-1 是财务会计报告的构成图。

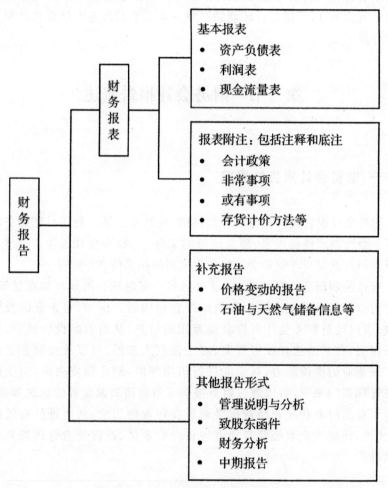

图 5-1　财务会计报告的构成图

（资料来源:陈良华、李志华、孙健,2009）

三、财务会计报告的分类

按照不同的标准,财务会计报告可以进行不同的分类。

按照反映的内容进行分类,财务会计报告有静态财务会计报告与动态财务会计报告。所谓静态财务会计报告,是指综合反映会计主体资产、负债和所有者权益的报表。所谓动态财务会计报告,是指反映会计主体一定时期内资金耗费和资金回收的报表。

按照编报的时间进行分类,财务会计报告有中期报告和年度报告。其中,中期报告具体分为月度、季度和半年度三种。所谓月度、季度财务会计报告,是指月份和季度终了对外提供的财务报告,月度财务报告应该在月份终了后 6 天内报出;季度财务报告应该在季度终了后 15 天内报出。所谓半年度财务报告,是指在每个会计年度的前 6 个月结束后对外提供的财务报告,应该在每个会计年度的前 6 个月结束后 2 个月内报出。所谓年度财务会计报告,是指年度终了对外提供的财务报告,应该在年度终了后的 4 个月内报出。

按照编报的主体进行分类,财务会计报告有个别财务会计报告和合并财务会计报告。所谓个别财务会计报告,是指由企业在自身会计核算基础上对账簿记录进行加工而编制的财务报告,其用于反映企业自身的财务状况、经营成果和现金流量情况。个别财务会计报告中的各项数字所反映的内容,仅涉及企业本身的财务数字。所谓合并财务会计报告,是指以母公司和子公司组成的企业集团为会计主体,根据母公司和所属子公司的财务报告,由母公司编制的综合反映企业集团财务状况、经营成果及现金流量的财务报告。合并财务报告涉及所有控股子公司财务报告的相关数字,能够向财务报告的使用者提供公司集团总体的财务情况与经营成果。

按照反映内容的主次关系进行分类,财务会计报告有财务报表和附注。其中,财务报表是根据日常的账簿记录定期编制,用以综合反映会计主体的财务状况、经营成果和现金流量信息的书面文件。企业向外提供的财务报表涉及资产负债表、利润表、现金流量表和所有者权益变动表。财务会计报表附注即为了便于报告使用者理解会计报表的内容而对会计报表的编制基础、编制依据、编制原则、编制方法以及主要项目等进行的解释。①

---

① 裴永浩.财务会计理论与实务[M].北京:中国经济出版社,2012:488－489.

第二节 财务会计报告常用报表的编制

一、资产负债表的编制

资产负债表主要用于简单说明公司特定时点的财务状况。[①] 资产负债表能够体现企业在某一特定日期所拥有或控制的、预期会给企业带来经济利益的资源,所承担的、预期会导致经济利益流出企业的现时义务和所有者对净资产的要求权。

账户式结构是我国各个企业习惯使用的一种资产负债表的形式。这种结构的资产负债表有左右两边,左边为资产项目,一般会按资产的流动性大小进行排列,流动性大的资产排在前面;流动性小的资产排在后面。这种资产负债表的右边是负债及所有者权益项目,一般按照要求清偿时间的先后顺序进行排列,要将在一年内或长于一年的正常营业周期内偿还的流动负债排在前面;在一年以上才需要偿还的非流动性负债排在中间;在企业清算之前无须偿还的所有者权益项目排在后面。

"年初余额"和"期末余额"两栏是资产负债表的每项均要填列的内容。"年初余额"栏中的各项数字,需要根据上一年年末资产负债表的"期末余额"一栏列数字进行填列。"期末余额"栏需要根据资产、负债和所有者权益类科目的期末余额填列。具体来说,"期末余额"一栏可以采用如下几种填列方法。

(1)根据总账科目余额填列。

(2)根据明细账科目余额计算填列。

(3)根据总账科目和明细账科目余额分析计算填列。

(4)根据相关科目余额减去其备抵科目余额后的净额填列。

(5)综合运用以上填列方法分析填列。

表 5-1 是一个资产负债表。

---

① 布里格姆,休斯顿.财务管理[M].北京:中国人民大学出版社,2014:34.

表 5-1　资产负债表

资产	期末余额	年初余额	负债和所有者权益	期末余额	年初余额
流动资产： 货币资金 以公允价值计量且其变动计入当期损益的金融资产 应收票据 应收账款 预付款项 应收利息 应收股利 其他应收款 存货 一年内到期非流动资产 其他流动资产 流动资产合计			流动负债： 短期借款 以公允价值计量且其变动计入当期损益的金融负债 应付票据 应付账款 预收账款 应付职工薪酬 应交税费 应付利息 应付股利 其他应付款 一年内到期非流动负债 其他流动负债 流动负债合计		
非流动资产： 可供出售金融资产 持有至到期投资 长期应收款 长期股权投资 投资性房地产 固定资产 工程物资 在建工程 固定资产清理 生产性生物资产 汽油资产 无形资产 开发支出 商誉 长期待摊费用 递延所得税资产 其他非流动资产 非流动资产合计			非流动负债： 长期借款 应付债券 长期应付款 专项应付款 预计负债 递延所得税负债 其他非流动负债 非流动负债合计 负债合计		
			所有者权益： 实收资本 资本公积 减：库存股 其他综合收益 盈余公积 未分配利润 所有者权益合计		
资产总计			负债和所有者权益		

（资料来源：王宏道、李正林、蔡贤斌，2017）

二、利润表的编制

可以反映一定时期企业经营成果的财务会计报表即利润表。[①]

在利润表的表首通常要标明企业与该表的名称、表的名称下面表明编制的期间。由于利润表能够揭示企业在某个期间内的经营成果，因此其时间可以表明为"某年某月份"或者"某年某月某日"到"某年某月某日"，或者"某年某月某日结束的会计年度"。

利润表主要有两种格式：单步式和多步式。单步式利润表会将当期所有的收入列在一起，然后将所有费用列在一起，二者相减得出当期净损益。多步式利润表会通过对当期的收入、费用、支出项目按照性质进行归类，按照利润形成的主要环节列示一些中间性利润指标，分步计算当期净损益。

多步式利润是一种常见的格式，其将企业日常经营活动中发生的收入与费用项目与在该过程外发生的收入与费用分开。划分该界限的标准是看一个项目是否关系到评价企业未来产生现金与现金等价物的能力，或者根据一个项目的预测价值。一般偶然发生的收入与费用项目不可以作为预测的依据。

多步式利润表会对企业的收入与费用项目进行适当的划分，然后用不同方式在利润表上将收入与费用两个项目组合起来，并且提供各种各样的有关企业经营成果的指标。

对于多步式利润表中的净利润这一项，其是经过多个步骤计算出来的，具体步骤如下。

（1）计算营业利润。

营业利润＝营业收入（主营业务收入＋其他业务收入）－营业成本（主营业成本＋其他业务成本）－营业税金及附加－销售费用－管理费用－财务费用－资产减值损失＋公允价值变动收益（－损失）＋投资收益（－损失）

（2）计算利润总额。

利润总额＝营业利润＋营业外收入－营业外支出

（3）计算净利润。

净利润＝利润总额－所得税费用

需要指出的是，一些普通股或者潜在普通股已经公开交易的企业，以及正处于公开发行普通股或潜在普通股过程中的企业，还应在利润表中列出

---

① 谢丽安,危英,吴蓉频.财务会计实务[M].北京:中国铁道出版社,2017:288.

每股收益信息。

总之,多步式利润表的优势是可以与同类型企业进行比较,也可以对前后各期利润表上相应项目进行比较,还可以对企业今后的盈利能力进行预测。

表 5-2 是东方公司的多步式利润表。

表 5-2 东方公司多步式利润表

2014 年度 单位:元

项目	上年实际(略)	本年实际
一、营业收入		1 250 000
减:营业成本		750 000
营业税金及附加		2 000
销售费用		20 000
管理费用		147 100
财务费用		41 500
资产减值损失		900
加:公允价值变动收益(损失以"-"号填列)		0
投资收益(损失以"-"号填列)		31 500
二、营业利润(亏损以"-"号填列)		380 000
加:营业外收入		50 000
减:营业外支出		19 700
三、利润总额(亏损总额以"-"号填列)		350 300
减:所得税费用		80 075
四、净利润(净亏损以"-"号填列)		270 225
五、每股收益		(略)
(一)基本每股收益		
(二)稀释每股收益		
六、综合收益		
(一)其他综合收益		
(二)综合收益总额		

(资料来源:朱辉、王莉莉,2014)

三、现金流量表的编制

反映企业在一定期间内的现金和现金等价物流入与流出的报表即现金流量表。[①]

现金流量表中的"本年数"一栏反映的是各个项目自年初起到报告期末止的累积实际发生数或者本年实际发生数。在编制年度财务会计报告时，应该在"上年数"栏填列上年全年累计实际发生数。如果上年度现金流量表与本年度现金流量表的各项名称与内容不一致，应该对上年现金流量表中的名称与数字按照本年的规定加以调整，填入本表"上年数"栏。

现金流量表需要反映出经营活动产生的现金流量、投资活动产生的现金流量和筹资活动产生的现金流量。需要指出的是，现金流量表中的现金流量即现金的流入与流出。

通常，现金流量表要通过现金流入与流出的总额反映出来。代客户收取或者支付的现金以及周转快、金额大、期限短的项目的现金收入与现金支出要能够净额反映。企业应该用最直接的报告方式呈现经营活动的现金流量。

表 5-3 是一个现金流量表。

表 5-3　现金流量表

会小企 03 表

编制单位：　　　　　　　×××年度　　　　　　　　单位:元

项目	行次	上年数	本年数
一、经营活动产生的现金流量：			
销售商品、提供劳务收到的现金	1		
收到的其他与经营活动有关的现金	8		
现金流入小计	9		
购买商品、接受劳务支付的现金	10		
支付给职工以及为职工支付的现金	12		
支付的各项税费	13		
支付的其他与经营活动有关的现金	18		

---

① 谢丽安,危英,吴蓉频.财务会计实务[M].北京:中国铁道出版社,2017:292.

续表

项目	行次	上年数	本年数
现金流出小计	20		
经营活动产生的现金流量净额	21		
二、投资活动产生的现金流量：			
收回投资所收到的现金	22		
取得投资收益所收到的现金	23		
处置固定资产、无形资产和其他长期资产所收回的现金净额	25		
收到的其他与投资活动有关的现金	28		
现金流入小计	29		
购建固定资产、无形资产和其他长期资产所支付的现金	30		
投资所支付的现金	31		
支付的其他与投资活动有关的现金	35		
现金流出小计	36		
投资活动产生的现金流量净额	37		
三、筹资活动产生的现金流量：			
吸收投资所收到的现金	38		
借款所收到的现金	40		
收到的其他与筹资活动有关的现金	43		
现金流入小计	44		
偿还债务所支付的现金	45		
分配股利、利润或偿付利息所支付的现金	46		
支付的其他与筹资活动有关的现金	52		
现金流出小计	53		
筹资活动产生的现金流量净额	54		
四、汇率变动对现金的影响	55		
五、现金及现金等价物净增加额	56		

（资料来源：杨雄，2012）

四、所有者权益变动表的编制

所有者权益变动表能够反映构成所有者权益的各组成部分当期的增减变动情况,其又可以称为"股东权益变动表"。①

在编制所有者权益变动表时,需要体现如下几个方面的内容。

(1)本年金额。所有者权益变动表中的"本年金额"是根据本年的"实收资本(或股本)""资本公积""盈余公积""利润分配""库存股"和"以前年度损益调整"等科目的发生额分析填列的。"上年金额"根据上年度所有者权益变动表中的"本年金额"栏内所列数字填列,如果项目名称与内容不同,那么按照本年度的规定进行调整,填入表中。

(2)上年年末余额。此项目反映企业上年资产负债表中实收资本(或股本)、资本公积、库存股、盈余公积、未分配利润的年末余额。

(3)"会计政策变更"和"前期差错更正"项目。这两个项目分别反映企业因为处理会计政策变更与会计差错更正时,产生的累积影响数对所有者权益项目的影响情况。

(4)"本年增减变动金额"中的各个项目。这些项目反映企业因为本年产生的净利润与发生的可直接计入所有者权益的利得与损失而导致的所有者权益各项目的变动情况。

其一,"净利润"项目反映当年实现的净利润或者净亏损,列入"未分配利润"栏中。

其二,"直接计入所有者权益的利得和损失"项目,反映企业当期直接计入所有权益的利得与损失。其中,"可供出售金融资产公允价值变动净额"项目反映企业持有的可供出售的金融资产当期因公允价值变动而引起的资本公积变动的金额,列入"资本公积"栏中。"权益法下被投资单位其他所有者权益变动的影响"项目反映企业的长期股权投资在采用权益法核算时,被投资单位因当期净损益之外的其他所有者权益变动而引起的资本供给变动的金额,列入"资本公积"栏中。"与计入所有者权益项目相关的所得税影响"项目反映企业根据规定应计入所有者权益项目的当期所得税影响金额,列入"资本公积"栏目。

其三,"所有者投入和减少资本"中的各个项目,反映企业因为接受投资或减少资本而导致的所有者权益各项目的变动情况。其中,"所有者投入资

---

① 谢丽安,危英,吴蓉频.财务会计实务[M].北京:中国铁道出版社,2017:298.

本"项目主要反映企业因为接受投资人的投资而引起的实收资本(或者股本)、资本公积增加的金额,列入"实收资本(或者股本)""资本公积"栏中。"股份支付计入所有者权益的金额"项目主要反映企业处于等待期中的权益结算的股份支付当年计入资本公积的金额,列入"资本公积"栏中。

其五,"所有者权益内部结转"中的各个项目。这些项目反映企业因为所有者权益内部资本公积或者盈余公积转增资本、盈余公积弥补亏损等业务而导致所有者权益内部各项目之间的变动情况。

表 5-4 是一个所有者权益变动表。

五、附注的编制

附注是对资产负债表、利润表、现金流量表和所有者权益变动表等报表中列示项目的文字和资料进行描述或明细以及对未能在这些报表中列示项目的说明等。[①]

通常,财务报表附注有两种形式:括号注释和底注。

(一)括号注释

所谓括号注释,是指直接在财务报表上对相关项目的补充说明。假如报表上的有关项目简明标题或者金额数不足以充分反映其全部含义,可以直接用括号说明。图 5-2 是一个括号注释的报表。

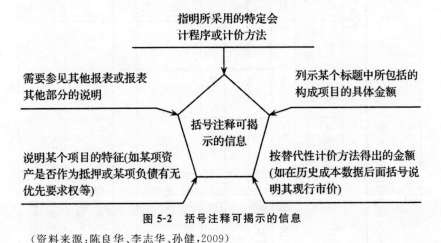

图 5-2　括号注释可揭示的信息

(资料来源:陈良华、李志华、孙健,2009)

---

① 谢丽安,危英,吴蓉频.财务会计实务[M].北京:中国铁道出版社,2017:301.

表5-4 所有者权益变动表

编制单位:东方有限责任公司　　2010年

会企04表
单位:元

项目	本年金额						上年金额					
	实收资本（或股本）	资本公积	减：库存股	盈余公积	未分配利润	所有者权益合计	实收资本（或股本）	资本公积	减：库存股	盈余公积	未分配利润	所有者权益合计
一、上年年末余额	7 000 000	456 000		624 000	106 200	8 186 200						
加：会计政策变更												
前期差错更正												
二、本年年初余额	7 000 000	456 000		624 000	106 200	8 186 200						
三、本年增减变动金额（减少以"—"号填列）												
（一）净利润					1 047 057	1 047 057						
（二）直接计入所有者权益的利得和损失												
1. 可供出售金融资产公允价值变动净额												

续表

项目	本年金额						上年金额					
	实收资本（或股本）	资本公积	减：库存股	盈余公积	未分配利润	所有者权益合计	实收资本（或股本）	资本公积	减：库存股	盈余公积	未分配利润	所有者权益合计
2. 权益法下被投资单位其他所有者权益变动的影响												
3. 与计入所有者权益项目相关的所得税影响												
4. 其他												
上述（一）和（二）小计					1 047 057	1047057						
（三）所有者投入和减少资本												
1. 所有者投入资本												
2. 股份支付计入所有者权益的金额												
3. 其他												
（四）利润分配												

续表

项目	本年金额						上年金额					
	实收资本（或股本）	资本公积	减：库存股	盈余公积	未分配利润	所有者权益合计	实收资本（或股本）	资本公积	减：库存股	盈余公积	未分配利润	所有者权益合计
1. 提取盈余公积				104 705.7	-104 705.7	0						
2. 对所有者（或股东）的分配					-100 000	-100 000						
3. 其他												
（五）所有者权益内部结转												
1. 资本公积转增资本（或股本）												
2. 盈余公积转增资本（或股本）												
3. 盈余公积弥补亏损												
4. 其他												
四、本年年末余额	7 000 000	456 000		728 705.7	948 551.3	9 133 257						

（资料来源：汪静，2010）

(二)底注

所谓底注,是指在财务报表正文后用一定的文字与数字进行补充说明。每种财务报表均可以有一定的底注,而且在当前的实务中,报表底注的内容与分量逐渐增多,其篇幅甚至超过了报表的正文。因此,在财务报告中,报表的底注有着越来越重要的作用。表5-5是一个底注报表。

表5-5 报表底注一般涉及的内容

内容	说明
会计政策	国际会计准则委员会:"一套完整的会计报表应该包括……会计政策和说明性注释……会计政策指企业在编财务报表时所采用的特定原则、基础、惯例、规则和程序……管理部门应运用其判断来制订政策,所制订的会计政策应能为企业财务报表的使用者提供最有用的信息。"
会计变更	包括会计程序或方法的改变、会计估计的变更、报告主体的改变
债权人的优先权益	在某些情况下,企业的债权人可能拥有一定的优先权利,如资产抵押权、可参与或可转换股本权益的权利,或对清偿资产的特别求偿权等
或有资产和或有负债	在企业中,有少数资产或负债的价值可能为零,或者对其现值或未来价值的估计极为不准确,从而将导致误解时,则不应列入财务报表。但是,如果忽略这些资产或负债可能导致的损益对决策具有重要影响时,应在底注中加以说明
股利支付的限制	说明董事会有关股利分配政策或对留存收益进行分配的原因与用途,对投资人、债权人或其他使用者都是很有帮助的
权益持有人的权利	一般来说,凡是本期内引起对企业收益或净资产分享权利发生重要变动的业务或事项,都应通过资产负债表有关项目或底注予以披露
待履行合同	签订合同通常意味着要对未来承担义务,一些主要的合同甚至对企业的未来经营活动或成果产生重大的直接影响,对它们在底注中加以披露,将有助于使用者的各项预测和决策
期后事项	指发生于会计期末即结账日之后但是在年度财务报告正式公布之前这一段时间内的交易或事项
关联方交易	指发生于两个或更多的具有内在相关利益的个人、团体或企业之间的交易,如对主要股东融资、从母公司借款或企业集团内部子公司之间销货等

(资料来源:陈良华、李志华、孙健,2009)

第三节 财务会计报告的决策有用性

一、决策有用观

财务会计报告的决策有用观指出："假如我们不能提供理论上正确的财务报表,至少应该使历史成本表更加有用。"这一决策有用观是在1966年提出的,其是在1973年的特鲁伯鲁德委员会报告中得到加强的。该结论对于会计理论与实践来说有着重要意义。有时,因为在非理想状态下,我们难以直接从报表中了解公司的价值,所以我们必须更加注重财务报表使用者和他们的决策需要。

在对决策有用性这一问题进行讨论时,应该从如下两个问题入手。

(1)报表的使用者是谁? 财务报表的使用者有很多。大体上说,可以将财务报表的使用者分为投资者、借款者、管理者、工会、准则制定者及政府等。这样进行分类将有利于问题的解决。实际上,可以将这些团体统称为"会计的信息群体"。

(2)报表使用者在做决策时需要哪些信息? 只有解决了这个问题,会计人员才能更好地满足各个信息群体的信息需要,从而使财务报表在本质上满足他们对信息的需要。换言之,根据报表使用者的特殊需求提供会计信息便于会计人员做出更好的决策。可见,财务报表的重要性是不言而喻的。但是,要明确使用者的特殊需求是有一定难度的。所以,了解一些相关的理论,如单人决策理论、投资理论等显得十分必要。

二、单人决策理论

对单人在不确定的情况下的决策行为加以阐述即单人决策理论。单人决策理论阐述的是首先事件概率将不再像在理想环境中那么的客观,然后在可供选择的程序中选取、建立个人最优决策的合理步骤,此时就需要获得额外的信息,用于修正决策者对决策做出后事件发生概率的主观判断。

三、理性的、规避风险的投资者

在决策理论中,理性投资者即在进行决策时,选择产生最大期望行为的投资者。需要注意的是,其包含这样一种可能性,即个人会寻找额外的相关信息,以便用贝叶斯定理修正事件概率。

显然,很难确定一个人是否真正这样做决策。但是,在讨论决策有用性时,不妨将其作为一种假设。我们无须说明所有人都这样,而只是说它代表的是那些想要做出理性决策的投资者的行为。另外,我们假设要做出理性的决策,就一定要这么做。如果个人不这样以理性和可行的方式做出决策的话,会计人员或者其他人员将无法知道个人认为什么信息是有用的。无论怎样,该理论已经经过了实证检验。由于该理论在一定程度上已经为实证所肯定,因此我们要肯定它是合理的。

我们还需要假设理性的投资者可以规避风险,如果你就是投资者,你与导师掷硬币——假定硬币是一便士。如果只是与导师开玩笑,你会很愿意掷便士。但是如果将赌注定为 100 000 美元的话,你就会拒绝。(即便你不拒绝,你的导师也会拒绝。)

在投硬币的过程中,你会时刻想着:掷硬币的期望回报为 0,而不管赌注是多少,你都有一半赢和一半输的机会。

四、会计人员对决策有用观的反应

我们注意到主要的会计职业已经采纳了决策有用观,并且极为有趣的。例如,CICA 手册 1 000 节中有一部分这样写道:财务报表的目标是向投资者、成员、捐赠者、债权人和其他使用者提供有用的信息……以做出资源配置决策和(或者)评价管理当局的受托责任。

然而,最早和最完全的论述则是源于 FASB 的概念框架。概念框架特别提到了投资者需要有关未来收益和期望价值不确定性的信息。CICA 手册的 1 508 节列举了计量不确定性披露的条件,1 000 节本身没有提及风险。这里主要研究概念框架。

1978 年,财务会计概念公告(Statement of Financial Accounting Concept,简称 SFAC)得以颁布,此公告的目的是"建立财务会计和报告准则可依赖的基础"。另外,SFAC 阐述了很多有关财务报告的目标。

一个目标为现有和潜在的投资者、债权人以及其他使用者提供其做出理性投资、信贷相似决策所需的有用信息。

这里需要特别强调"理性"二字。它与经济决策是一致的。基于此理论进行决策的投资者就是那些为了最大化期望效用的决策者,他们都是理性的。

总体目标涵盖了诸多信息群体,还指出了决策行为。于是出现了一个

问题:特定的决策者和决策行为有哪些? 于是,SFAC 提出了另一个目标:

为现有和潜在的投资者、债权人以及其他使用者,提供有助于他们评估从股利或利息中获取预期现金收入的金额、时间分布和不确定的信息。

可见,SFAC 围绕的首要决策是公司股票和债券的投资决策,特别是以从股利或者利息中取得的现金收入为回报。需要注意的是,这些投资决策适用于现有和潜在的投资者。可以说,财务报表必须提供有用的信息给市场,而不应限于公司内部现存的投资者。

另外一个目标是有预测性的,其要求提供从股利或利息中获得"预期"现金收入的信息。显然,投资者需要有利于其估计未来投资回报的信息。第二个目标提出,投资者应评估预期收益的"金额、时间分布和不确定性"。尽管这里使用的术语不同,但均被认为与未来收益的期望价值和风险是相关的。因此,此目标也说明,如同投资理论预测的那样,风险规避的投资者需要有关收益的风险与期望金额的信息。

这就又出现了一个问题:以历史成本为基础编制的财务报表在预测未来收益时怎样才能发挥作用? 这大概是财务会计准则委员会(FASB)概念框架面临的主要难题。因为历史成本会计在现实中根深蒂固,我们有必要在公司过去业绩和未来前景之间建立某种联系。如果没有这种联系,就难以实现 SFAC 的决策导向的目标。

但是通过决策理论模型,我们能清楚地找到这种联系。事实上,当期财务报表信息与未来收益是通过信息系统的条件概率相关联的。

与信息系统联系相一致,SFAC 提出:虽然投资和信贷决策反映了投资者和债权人对未来企业业绩的预期,但这些预期一般建立在评价企业过去业绩的基础上,至少部分如此。这一观点极为重要,其使得概念框架坚持了一个观点,即以过去、以历史成本为基础的财务报表信息对前瞻性的投资者是有用的。其与决策有用观是一致的,此观点指出当信息可以帮助投资者评估未来收益时,其是有用的。

在 SFAC 中,FASB 对财务报表信息的必要特征继续进行探究。这是整个概念另一个关键与精巧的部分:如何使提供的财务报表信息最大化地满足投资者预测未来收益的需要呢? 其答案再次涉及相关性和可靠性。

SFAC 对相关财务报表的解释为:相关的会计信息是指能够通过帮助使用者预测过去、现在和未来事情的结果,或证实或更正先前的预期并在决策中起作用的信息。信息对决策的影响是通过提高决策者预测能力或提供对先前预期的反馈来实现的。通常,信息同时作用于二者,因为关于行为结果的知识往往能提高决策者预测相似未来行为的能力。缺乏对过去的认知,预测的基础就不存在。缺乏对未来的关注,过去的认知是无用的。

此定义的精髓为当信息能够帮助财务报表使用者预测事件时,其是相关的。可见,其再次与决策有用观相一致。因此,在理想模式下,相关的财务报表信息即未来回报或期望未来回报。在非理想模式下,相关的财务报表信息即有助于投资者形成他们对未来预期回报的信息。通过扩展相关性的内涵到包含所有有助于投资者形成自己回报评估的信息,相关信息的范围也得到了扩大。

需要指出的是,FASB 相关性的概念与决策理论中的信息定义是一致的。应该牢记一点,信息可以潜在地影响个人的决策。换句话说,它可以"导致差异"。事实上,只有当证据有能力影响使用者决策时,其才能真正称得上信息。此观点在贝叶斯定理的应用中得到了清楚阐释。贝叶斯定理为投资者提供了这样一种工具,即投资者可以在新信息基础上不断更新对相关事件的先验概率。

SFAC 中的信息的另一个特征是可靠性。由 SFAC 可知:可靠的信息是指真实、可验证和中立的信息。这一定义与我们的定义基本一致。我们认为真实与可验性即是不偏不倚。例如,当财务报表信息因为管理当局对预定结果的误导而变得有偏倚时,信息就不再誉为真实和中立的。

SFAC 接着扩展了有财务报表信息的其他特征。其中之一即及时性,其被认为是相关性的重要约束。也就是说,如果管理人员延迟信息的披露,那么这些信息将会丧失及时披露本应有的相关性。

综上所述,问题的关键是为了确保投资决策有用性,财务报表信息不需要涉及对未来公司汇报的直接预测。只要信息具有某些可取的特征,如相关性、可靠性和及时性,其就可以成为帮助投资者形成自己对回报进行预测的有价值的信息产品。[①]

---

① [加]斯科特(Scott,W. R.)著,陈汉文等译.财务会计理论(第 3 版)[M].北京:机械工业出版社,2006:46.

第六章　纳税会计与申报

纳税会计融合了会计与税法知识,是一种特种的专业会计。随着国家税收体制的逐步完善,纳税会计也逐渐从会计中分离出来,成为一个独立的会计分支。本章就对纳税会计及申报进行探讨。

第一节　流转税的纳税会计与申报

流转税是商品生产与商品交换的结果,并且各种流转税,如增值税、消费税、关税等,是政府财政收入的来源。限于篇幅,下面仅就增值税与关税的纳税会计及其申报进行探讨。

一、增值税的纳税会计与申报

(一)增值税简述

增值税是流转税的一种,是以商品生产和流通、劳务服务等各个流转环节中所产生的增值额作为计税依据而征收的。流转税与所得税是我国税收的两个支柱,归属于流转税的增值税更是我国税种中的重中之重,在我国财政收入中占有相当大的比重。

1.增值税纳税义务人

在我国,纳税人按其经营规模的大小以及会计核算是否健全划分为一般纳税人和小规模纳税人,这也是我国增值税的特点之一。两者按会计核算水平和经营规模的不同进行划分,分别采取不同的增值税计税方法,它们各自的认定标准可以概括如表 6-1 所示。

表 6-1　纳税人认定标准

纳税人	认定标准	
	小规模纳税人	一般纳税人
从事货物生产或者提供应税劳务的纳税人，以及以从事货物生产或者提供应税劳务为主，并兼营货物批发或者零售的纳税人	年度应纳税消费额在 50 万元以下	年度应纳税销售额在 50 万元以上
批发或者零售货物的纳税人	年度应纳税销售额在 80 万元以下	年度应纳税销售额在 80 万元以上
年应税销售额超过小规模纳税人标准的其他个人	按小规模纳税人纳税	—
非企业性单位、不经常发生应税行为的企业	可选择按小规模纳税人纳税	—

（资料来源:李岩,2017）

2.增值税税率

如前所述,在我国,增值税的纳税人分为一般纳税人和小规模纳税人,对这两类不同的纳税人采用不同的税率和征收率。根据确定增值税税率的基本原则,我国增值税设置了一档基本税率和一档低税率,此外还有对出口货物实施的零税率。

(1)基本税率。基本税率是针对增值税一般纳税人销售或者进口货物,提供加工、修理修配劳务中除低税率适用范围和销售个别旧货适用低税率以外的纳税人所采用的税率,税率为 17%。

(2)低税率。低税率是国家对所指定的相关产品的一种税收优惠政策,税率为 13%。低税率档次的货品一般是由国家通过各种税收法律法规来指定的。

(3)零税率。纳税人出口货物实行零税率,但是国务院另有规定的除外。增值税出口货物的零税率,包含两层含义:对本道环节生产或销售货物的增值部分免征增值税;对出口货物前道环节所含的进项税额进行退付。也就是说,首先,销售的货物是零税率的,为生产该货物所购买材料的进项税可以抵扣或退付;其次,如果该货物是免税项目,则用于该免税项目的购进的货物是不可以抵扣进项税的,如军品销售属于免增值税的项目,那么为生产军品所购的钢材等即便取得了增值税发票,也是不能抵扣的。

（二）增值税的会计处理

1.进项税额会计处理

我国增值税采用税款抵扣制度,采购货物或接受应税劳务所发生的进项税额有些可以从同期销项税额中抵扣,有些进项税不能抵扣,有些在事先抵扣后又因为发生非正常损失或用于非生产用途等情况需要进行转出。因为纳税人性质不同、发生的纳税事项不同等原因,使得各类进项税额的会计处理都有所不同。

（1）进项税额的处理。进项税额的处理包括以下几种情况。

其一,国内采购进项税额的处理。企业在国内采购的货物,按增值税专用发票注明或计算的进项税额借记"应交税费——应交增值税（进项税额)",根据支付给供货方或提供劳务方的实际采购价借记"原材料""材料采购""库存商品"及"管理费用""销售费用"等相关费用科目,按照应付或实际支付的金额,贷记"银行存款""应付账款"等科目。

其二,委外加工进项税额的处理。企业委托外单位进行产品加工,支付加工费收取的专用发票进项税额,依照税法规定可予以抵扣。委托方应按发出材料的实际成本和支付的加工费、运费等合计计入委托加工物资成本,可抵扣的税金借记"应交税费——应交增值税（进项税额)"。

其三,国外购进原材料进项税的处理。从国外购进原材料,也应依法缴纳增值税,应根据海关开具的"完税凭证"作为进项税额抵扣的依据。纳税人从国外进口货物,应按照组成计税价格和规定的税率计算缴纳增值税额。进口货物增值税组成计税价格和应纳税额的计算公式如下所示。

组成计税价格＝关税完税价格＋关税＋消费税

应纳进口增值税＝组成计税价格×税率

其四,购料发生退货、折让等进项税额的处理。企业购买材料后发生退货现象的,在未认证前,应将对方开具的增值税专用发票抵扣联和发票联退还销货方作废处理,如果是在发票认证已做账务处理的情况下,则不需将发票退回,而应由供货方填写开具红字增值税专用发票申请单经主管税务机关审核后出具"开具红字增值税专用发票通知单",交由销货方作为开具红字发票的证明,以开具后的红字发票进行冲减。

其五,企业接受投资货物进项税额的处理。企业接受投资的货物,应按照双方确认的价格（不含税)入账,借记"原材料""固定资产""库存商品"等科目,按增值税专用发票上注明的税额进行抵扣,借计"应交税费——应交增值税（进项税额）"，按投资确认的货物价格与税额合计贷记"实收资本"，两者的差额记入"资本公积"科目。

其六，接受捐赠货物进项税额的处理。企业接受捐赠货物进项税额的会计处理与接受投资货物进项税额的会计处理类似，都是依据增值税专用发票计入"应交税费——应交增值税（进项税额）"，按双方确认的公允价值计入相关资产的成本，贷记"营业外收入——捐赠利得"科目。

其七，小规模纳税人进项税额的会计处理。增值税对小规模纳税人的征收管理采取简易办法，不得抵扣进项税额，而是直接计入货物的采购成本，因此小规模纳税人购进货物或接受应税劳务，按实际支付或应当支付和价款和进项税额合计，借记"原材料""库存商品""固定资产"及"管理费用"等相关费用科目，贷记"应付账款""银行存款"等。

（2）进项税额转出的会计处理。我国增值税实行进行税额抵扣制度，但税法中规定，当纳税人购进货物或接受的应税劳务改变用途（用于集体福利、个人消费、免税项目、非应税项目）或是发生非正常损失时，其支付的进项税额不得从销项税额中抵扣。因此，出现上述类似情况时，应将购进货物或应税劳务的进项税额通过"应交税费——应交增值税（进项税额转出）"科目，从当期发生的进项税额中扣除。

其一，非正常损失货物进项税额转出处理。企业发生自然灾害和人为管理不善等原因造成材料、产成品、半成品、固定资产损失的，属于非正常损失，相应的进项税额不得抵扣，如原进项税已进行抵扣的，应将已抵扣的进项税额进行转出，与遭受损失的存货成本一并计入待处理财产损失。

其二，改变用途，用于非应税项目进项税转出的处理。非应税项目是针对增值税来讲的，如企业提供非增值税的应税劳务、转让无形资产、销售不动产和不动产在建工程这些都属于非应税项目的范围。在工业企业中，购进货物用于非应税项目最主要出现在将购进货物或应税劳务用于企业房屋等不动产的新建、改建、扩建和修缮等方面。

其三，用于免税项目进项税转出的处理。免税项目由于销售时不用缴纳销项税额，因此为生产免税项目购进的材料或应税劳务所包含的进项税不予抵扣，而应计入免税项目材料采购成本。对于企业购进的货物或应税劳务即用于免税项目又用于应税项目的，则应将用于免税项目的进项税区分开来，做"进项税额转出"的会计处理。

其四，用于集体福利或个人消费进项税转出的处理。企业将购买的货物或应税劳务用于集体福利或是个人消费的，相当于终止了增值税的流转，由企业充当了最终的消费者，因此，这部分货物或是应税劳务的增值税金应由企业承担，而不能作为进项税给予抵扣。对于已经抵扣的进项税额，应通过"进项税额转出"科目从当期发生的进项税额中扣除。

2.销项税额会计处理

销售额的确认与不同的销售方式有着紧密的联系，对于不同的销售方式，采取会计处理也有差别。

(1)直接收款方式销项税额的会计处理。直接收款方式销售货物的，其增值税的纳税义务发生时间为收到销售款项或是取得销货款凭证，并将提货单交给买方的当天。企业应根据所收货款或是相关的单据，借记"银行存款""应收账款""应收票据"等科目，贷记"主营业务收入""应交税费——应交增值税(销项税额)"等科目。

(2)销货退回及销售折让的销项税处理。增值税一般纳税人在货物销售过程中，如果发生退货或购货方要求折让，应在收到购货方退回的增值税专用发票或折让证明单后，会计核算上应区别不同的情况进行处理。企业在货物销售过程中，因产品质量原因出现买方退回货物或是要求折让的情况下，不论所退货与折让是当月销售还是以前月份销售的，都应在当月的主营业务收入中进行冲减，并根据对方退回的增值税专用发票联、抵扣联或是收到"开具红字增值税专用发票通知单"后重新开具的红字增值税专用发票，对销项税额进行不同的会计处理。

(3)销货折扣销项税额的处理。在企业实际经营过程中，销货折扣包括商业折扣和现金折扣两种形式。前者是企业为实现促销而给予客户在达到一定购买数量时的价格优惠；后者属于企业的一种融资行为，是企业为了促使客户早日付款而应允的一种优惠。

企业发生的现金折扣直接计入财务费用，销项税额的会计处理与正常销售相同，而对于商业折扣，销售全额与商业折扣额开具在同一张发票上，企业应按实收货款也就是折扣后的销售额作为销项税的计税依据；销售全额与商业折扣分开两张发票开具的，计税销售额应以未做折扣的销售额为依据。

(4)包装物销售及收取的押金销项税处理。随同产品销售但单独计价的包装物，其收入计入其他业务收入。按应收或实际收到的全部价款，借记"银行存款""应收账款"等账户，按应确认的收入，贷记"其他业务收入"账户，按规定应缴纳的增值税额，贷记"应交税金——应交增值税(销项税额)"账户。随同产品销售且不单独计价的包装物，其收入随同所销售的产品一起计入主营业务收入，会计处理同一般销售业务。企业收取的包装物押金，因包装物逾期未退还而没收的，应按规定将包装物押金换算成不含税额，计算应交纳的销项税额。

3.出口货物退(免)税会计处理

在出口货物的过程中,与增值税有关的,就是出口退(免)税。根据企业出口货物的业务流程来看,生产企业免抵退税的会计核算主要包括:免税出口收入、不得免征和抵税税额、应交税费、进料加工不予免征和抵扣税额抵减额、出口货物免抵税额及应退税额的计算等。其所涉及的"应交税费"明细科目主要有"出口抵减内销产品应纳税额""出口退税""转出未交增值税""转出多交增值税""进项税额"转出等。

生产企业的出口业务可以分为一般贸易出口、加工贸易出口等多种方式,其会计核算按业务可做如下处理。

(1)出口销售收入实现时

借:应收账款/银行存款

　　贷:主营业务收入,其他业务收入

(2)计算免抵退税不得免征和抵扣税额

借:主营业务成本

　　贷:应交税费——应交增值税(进项转出)

(3)存在应退税额

借:其他应收款——应收出口退税(增值税)

　　贷:应交税费——应交增值税(出口退税)

(4)计算免抵税额

借:应交税费——应交增值税(出口抵减内销产品应纳税额)

　　贷:应交税费——应交增值税(出口退税)

(5)收到出口退税款

借:银行存款

　　贷:其他应收款——应收出口退税(增值税)

(三)增值税的纳税申报

增值税纳税申报与缴纳的内容包括纳税义务发生的时间、纳税期限、纳税地点、纳税申报和税款缴纳等方面。

1.纳税时间

不同的货物销售方式,其增值税纳税义务的发生时间也各有不同。

(1)采取直接收款方式销售货物,不论货物是否发出,均为收到销售额或取得索取销售额的凭据,并将提货单交给买方的当天。

（2）采取托收承付和委托银行收款方式销售货物，为发出货物并办妥托收手续的当天。

（3）采取赊销和分期收款方式销售货物，为按合同约定的收款日期的当天。

（4）采取预收货款方式销售货物，为货物发出的当天。

（5）委托其他纳税人代销货物，为收到代销单位代销清单的当天；纳税人以代销方式销售货物，在收到代销清单前已收到全部或者部分货款的，其纳税义务发生时间为收到全部或者部分货款的当天；对于发出代销商品超过 180 天仍未收到代销清单及货款的，视同销售实现，一律征收增值税，其纳税义务发生时间为发出代销商品满 180 天的当天。

（6）销售应税劳务，为提供劳务同时收讫销售额或取得索取销售额的凭据的当天。

（7）纳税人发生视同销售货物行为，为货物移送的当天。

2. 纳税期限

增值税的纳税期限根据税额大小分为 1 日、5 日、10 日、15 日、1 个月或者 1 个季度。期满之日起 5 日内预缴税款，于次月 1 日到 10 日内申报纳税并结清上月税款。在日常工作中，纳税人往往都是以 1 个月或者 1 个季度为 1 个纳税期的，应期满之日起 15 日内申报纳税。

3. 纳税地点

固定业户应当向其机构所在地主管税务机关申报纳税。固定业户临时到外县（市）销售货物的，应当向其机构所在地主管税务机关申请开具外出经营活动税收管理证明，向其机构所在地主管税务机关申报纳税。未持有其机构所在地主管税务机关核发的外出经营活动税收管理证明，到外县（市）销售货物或者应税劳务的，应当向销售地主管税务机关申报纳税，销售地主管税务机关一律按 6% 的征收率征税；未向销售地主管税务机关申报纳税的，由其机构所在地主管税务机关补征税款。

4. 纳税申报

纳税人无论当期是否有销售额，均应按主管税务机关核定的纳税期限填报纳税申报表进行纳税申报。增值税一般纳税人向税务机关进行纳税申报的，应按规定递交纳税申报资料，这其中包括增值税纳税申报表（适用于增值税一般纳税人）、增值税纳税申报表附列资料、各类备查资料以及企业主管税务机关规定的其他资料。

小规模纳税人也应当在规定的纳税申报期向税务机关提供增值税纳税申报表(适用小规模纳税人)及其他规定的资料。

二、关税的纳税会计与申报

(一)关税简述

关税是指进出口商品在经过一国关境时,由政府设置的海关对进出口关境的货物、物品征收的一种税。

1.关税纳税义务人

关税是由海关按照国家制定的关税政策、税法及进出口税则,对进出境货物、物品征收的一种流转税。

其中所说的"境"是指"海关境域"或"关税领域",包括该国的领土、领海和领空在内的全部国家领土,它是一国海关法全面实施的领域。在通常情况下,一国的关境与国境是一致的,但因某些政治经济方面的原因,有时关境与国境不完全一样,如我国的香港地区和澳门地区为单独关税地区,所以关境小于国境。

2.关税税率

我国关税税率包括进口关税税率、出口关税税率和特别关税税率。

(1)进口关税税率。同一种产品按"原产地标准"分别使用高低不同的几种税率,包括最惠国税率、协定税率、特惠税率、变通税率、关税配额税率等税率。我国的进口商品基本上实行从价税,对部分商品实行从量税、复合税和滑准税。另国家根据经济发展的需要,对部分进口原料、零部件、农药原药和中间体、乐器及生产设备实行暂定税率。

(2)出口关税税率。我国征收出口关税的商品种类较少,目前为止有20种,税率也比较低,实行一栏比例税率,税率范围为20%—40%。

(3)特别关税。特别关税包括报复性关税、反补贴税、反倾销税和保障性关税。

(二)关税的会计处理

关税的会计处理需要通过"应交税费"科目进行核算,为了全面反映企业关税的缴纳、结余情况及进出口关税的计算,在"应交税费"科目下设置"应交进口关税"和"应交出口关税"明细科目。

"应交税费——应交进口关税"科目的借方登记实际上缴的进口关税,贷方登记计算出应缴的进口关税;借方余额表示多缴的进口关税,贷方余额表示欠缴的进口关税。

"应交税费——应交出口关税"的借方登记实际上缴的出口关税,贷方登记计算出应缴的出口关税;借方余额表示多缴的出口关税,贷方余额表示欠缴的出口关税。

商品流通企业按其经营方式的不同,其进出口业务可以分为自营和代理两大类。

1.自营进出口业务关税的会计处理

商品流通企业自营进口业务应缴纳的进口关税,借记"材料采购",贷记"应交税费——应交进口关税",实际缴纳时,借记"应交税费——应交进口关税",贷记"银行存款"科目,或直接将两笔分录合记为借"材料采购"、贷"银行存款"。

2.代理进出口业务关税的会计处理

商品流通企业代理进出口业务,以收取手续费的形式为委托方提供代理服务,并代委托方向海关支付应缴关税,于日后向委托方收回。因此,商品流通企业代理进出口业务所涉及的科目有"应交税费——应交进口(出口)关税""应收账款""应付账款"及"银行存款"科目。

(三)关税的纳税申报

进口货物的收发货人或其代理人,应当在海关填发税款缴纳凭证之日起15日内(法定公休日顺延),向海关或其指定银行缴纳税款。逾期缴纳的,除依法追缴外,由海关自到期次日起至缴清税款日止,按日加收欠缴税款的滞纳金。

纳税人缴纳关税时,需填"海关(进出口关税)专用缴款书"(表6-2)并携带有关单证。"缴款书"一式六联,依次是收据联(此联是国库收到税款签章后退还纳税人作为完税凭证的法律文书,是关税核算的原始凭证)、付款凭证联、收款凭证联、回执联、报查联、存根联。

表 6-2 海关(进出口关税)专用缴款书

收款单位	收入机关		缴款单位人	名称	
	科目			账号	
	收款国库			开户银行	

税号	货物名称	数量	单位	完税价格(¥)	税率(%)	税款金额(¥)
金额人民币(大写)					合计(¥)	

(资料来源:盖地,2016)

第二节 财产税的纳税会计与申报

财产税是以纳税人所有或属其支配的财产为课税对象的一类税收。它以财产为课税对象,向财产的所有者征收。当今世界征收的财产税主要有房产税、契税、土地增值税等。下面选取房产税与契税两个税种加以分析。

一、房产税的纳税会计与申报

(一)房产税简述

房产税虽是我国税收中的小税种之一,但它也与我们的生活息息相关,随着目前国家对楼市的调控,关于房产税的相关新闻也越来越多,关于房产税怎么征、对哪些人征等问题成为人们关注的热点,因此学好房产税颇具有现实意义。

1.房产税纳税义务人

房产税是对我国境内拥有房产所有权的内资企业和其他单位以及中国

籍居民,以房屋的计税余额或租金收入为征税对象,向产权所有人征收的一种财产税。

房产税根据纳税人经营形式的不同,可以按房产计税余值征税也可以按房产出租的租金进行征税。房产税是地方税收的一种,是地方财政收入筹集的手段之一,作为对房屋征税的税收,房产税对于配合和推动城市住房制度改革和加强房产管理也起到了积极的作用。

房产税以征税范围内的房屋产权所有人为纳税义务人,相关规定如下。

(1)国家拥有房屋产权的,由经营管理单位作为纳税义务人;集体和个人拥有产权的,由集体单位和个人进行纳税。

(2)房屋进行出租的,由出租人进行纳税。

(3)产权所有人将房屋、生产资料的产权进行典当,用以取得资金的行为属于产权出典,其房产税应由承典人缴纳。

(4)上述产权所有人、典当人不在房屋所在地的,或房屋产权未确定及租典纠纷未解决的,房产税由房产代管人或使用人缴纳。

(5)房产管理部门、免税单位及纳税单位的房产给予纳税单位和个人无租使用的,由使用人代为缴纳房产税。

外商投资企业、外资企业和外籍个人不是房产税的纳税人。

2.房产税税率

房产税采用比例税率,按照税基不同,设置了两种税率。对于从价计征的纳税人,按原值一次性减除 10%—30% 的余值后,按 1.2% 税率计税;从租计征的纳税人,按 12% 税率计税。自 2001 年 1 月 1 日起,个人按市场价格出租的居民住房,用于居住的,暂按 4% 的税率征收房产税。

(二)房产税的会计处理

企业应该设置"应交税费——应交房产税"科目用以反映和核算企业应缴、已缴、多缴或欠缴房产税的情况。科目贷方反映计算出的应缴房产税额,借方反映实际缴纳的房产税额;贷方余额表示企业欠缴的房产税额,借方余额表示企业多缴的房产税额。

企业按规定缴纳的房产税从"管理费用"中列支,影响企业的所得税计算。企业进行房产税的计算时,借记"管理费用",贷记"应交税费——应交房产税"科目;实际缴纳税金时,借记"应交税费——应交房产税",贷记"银行存款"等科目。

（三）房产税的纳税申报

1.纳税时间

（1）纳税人将原有房产用于生产经营，从生产经营之月起，缴纳房产税。

（2）纳税人自行新建房屋用于生产经营，从建成之次月起，缴纳房产税。

（3）纳税人委托施工企业建设的房屋，从办理验收手续之次月起，缴纳房产税。纳税人在办理验收手续前，即已使用或出租、出借的新建房屋，应从使用或出租、出借的次月起，缴纳房产税。

（4）购买存量房的，自房产证签发之日次月起缴纳房产税。

2.纳税期限

房产税实行按年计算，分期（季度或半年）缴纳的征收办法。

3.纳税地点

房产税应向房产所在地的地方税务机关缴纳。房产不在同一地方的纳税人，应按房产的坐落地点分别向房产所在地税务机关纳税。

4.纳税申报

房产税的纳税人应按照条例的有关规定及时办理纳税申报，并如实填写房产税纳税申报表（表6-3）。

二、契税的纳税会计与申报

（一）契税简述

契税是因房屋买卖、典当、赠予或交换而发生产权转移时，依据当事人双方订立的契约，由产权承受人缴纳的一种税。

1.契税纳税义务人

契税的纳税义务人是境内转移土地、房屋权属，其产权承受的单位和个人（包括外资企业和外籍个人）。

2.契税税率

税率比例为3％—5％，具体由省级人民政府酌情决定。

表 6-3 房产税纳税申报表

金额：元（列至角，分）

纳税人识别号：

纳税人名称

房产坐落地点

税款所属时期

建筑面积

			以房产原值计税征房产税						以房产余值计征房产税	以租金收入计征房产税			房屋结构		本期		
上期申报房产原值（评估值）	本期增减	本期实际房产原值	从价计税的房产原值	其中 从租计税的房产原值	免税房产原值	扣除率%	房产余值	适用税率1.2%	应纳税额	租金收入	适用税率1.2%	应纳税额	全年应纳税额	缴纳次数	应纳税额	已纳税额	应退补税额
1	2	3=1+2	4=3−5−6	5=3−4−6	6	7	8=4−4×7	9	10=8×9	11	12	13=11×12	14=10+13	15	16=14/15	17	18=16−17
合计																	

如纳税人填报，由纳税人填写以下各栏

纳税人（签章）

如委托代理人填报，由代理人填写以下各栏

代理人（签章）

代理人名称

代理人地址

经办人姓名 电话

以下由税务机关填写

会计主管（签章） 接收人

收到申报表日期

备注

（资料来源：吴坚真，柳建启，唐霏，2017）

个人首次购买 90 平方米以下的普通住房,契税税率暂统一下调到 1%。

(二)契税的会计处理

契税虽然归类于费用性税种,但企业所缴纳的契税不可记入"管理费用"账户,而应记入"固定资产""无形资产""投资性房地产"等账户,即契税不能费用化,而要资本化。企业取得房屋所有权、土地使用权后,计算应交契税时:

借:固定资产、无形资产
　　贷:应交税费——应交契税

企业缴纳税金时:

借:应交税费——应交契税
　　贷:银行存款

企业也可以不通过"应交税费——应交契税"账户。当实际缴纳契税时:

借:固定资产、无形资产
　　贷:银行存款

(三)契税的纳税申报

1. 纳税时间

纳税义务发生时间为纳税人在签订土地、房屋权属转移合同的当天,或者取得其他具有土地、房屋权属转移合同性质凭证的当天。其他具有土地、房屋权属转移合同性质凭证是指具有合同效力的契约、协议、和约、单据、确认书以及由省、自治区、直辖市人民政府确定的其他凭证。

2. 纳税期限和申报

凡发生土地使用权、房屋使用权权属转移行为(如出让、转让、买卖、赠予、继承、交换等)时,承受土地使用权、房屋所有权的单位和个人,应当在确定权属转移发生之日起 10 日内向土地、房屋所在地契税征收机关申报纳税,填报契税纳税申报表。

第三节　所得税的纳税会计与申报

税制改革后,我国会计规范与税收法规对有关费用、收益、损失等的确认方式发生了重大改变,会计收益、应税利润之间的差异性也在不断加大,这就促进了我国所得税会计的产生与发展。在所得税会计的研究中,所得税的纳税会计与申报成为重要的热点问题。因此,本节就从企业所得税与个人所得税两个层面展开分析。

一、企业所得税的纳税会计与申报

(一)企业所得税简述

企业所得税是对中华人民共和国境内的企业和其他取得收入的组织在一定时期内的生产、经营所得及其他所得征收的一种税。

1.企业所得税纳税义务人

企业所得税的纳税义务人是指在中华人民共和国境内的企业和其他取得收入的组织(以下统称企业)。企业所得税的纳税人分为居民企业和非居民企业。

(1)居民企业。居民企业是指依法在中国境内成立,或者依照外国(地区)法律成立但实际管理机构在中国境内的企业。这里的企业包括国有企业、集体企业、私营企业、联营企业、股份制企业、外商投资企业、外国企业,以及有生产、经营所得和其他所得的其他组织。

(2)非居民企业。非居民企业是指依照外国(地区)法律成立且实际管理机构不在中国境内,但在中国境内设立机构、场所的,或者在中国境内未设立机构、场所,但又来源于中国境内所得的企业。

2.企业所得税的税率

企业所得税的税率是指对企业应纳税所得额征税的比率。我国企业所得税实行比例税率。现行规定是:基本税率为25%,适用于居民企业和在中国境内设有机构、场所且所得与机构、场所有关联的非居民企业;低税率为20%,适用于在中国境内未设立机构、场所的,或者虽设立机构、场所但取得的所得与其所设机构、场所没有实际联系的非居民企业,但实际征税时适用10%的税率。

根据现行税收优惠政策规定,符合条件的小型微利企业,减按20%的税率征收企业所得税。国家需要重点扶持的高新技术企业,减按15%的税率征收企业所得税。

（二）企业所得税的会计处理

按照《企业会计准则第18号——所得税》的要求，我国上市公司自2007年1月1日起全面执行了新准则，取消了应付税款法、递延法和利润表债务法，要求一律采用资产负债表债务法核算递延所得税，计算确定有关资产、负债项目产生的递延所得税资产和递延所得税负债。资产负债表债务法用暂时性差异取代时间性差异，以资产负债表为基础，确认和计量递延所得税资产和递延所得税负债。

资产负债表债务法下所得税会计处理可以分为三种：应计入当期损益的所得税、应计入商誉的所得税和应计入权益的所得税会计处理方法。这里对应计入当期损益的所得税会计处理进行讲述。

1.资产负债表债务法的核算过程

资产负债表债务法下，企业应于每一资产负债表日进行所得税费用的核算，其核算操作可按下列步骤进行。

（1）对各类资产或负债的账面价值与计税基础的差异进行计算，并确认该差异是属于暂时性差异还是可抵扣差异。

（2）计算出递延所得税负债或资产的余额，计算公式如下所示。

期末递延所得税负债＝应税暂时性差异×所得税税率

期末递延所得税资产＝可抵扣暂时性差异×所得税税率

（3）计算本期递延所得税负债或资产的发生额，相关公式如下所示。

本期递延所得税负债发生额＝递延所得税负债期末余额－递延所得税负债期初余额

本期递延所得税资产发生额＝递延所得税资产期末余额－递延所得税资产期初余额

（4）计算当期应交所得税。

当期应交所得税＝（会计利润±纳税调整额）×所得税税率

（5）计算当期所得税费用。

所得税费用（或收益）＝当期所得税费用＋递延所得税费用（或递延所得税收益）＝本期应交所得税±本期所得税负债调整额±本期所得税资产调整额

在资产负债表债务法下，当税率或计税基础变动时，必须对"递延所得税负债"和"递延所得税资产"账户余额按新税率进行调整，即首先确定资产负债表中的递延所得税资产或者递延所得税负债应有的金额，然后根据本期应交所得税计算出利润表项目的当期所得税费用。

新准则要求采用谨慎性原则核算递延所得税资产。在资产负债表日，企业应复核递延所得税资产的账面价值。如果未来期间很可能无法获得足够的应纳税所得额用以抵扣递延所得税资产的利益，应当减记递延所得税资产的账面价值。

2.应计入当期损益所得税的会计处理

计入当期损益的所得税费用或收益不包括企业合并和直接在所有者权益中确认的交易或事项产生的所得税影响。与直接计入所有者权益的交易或者事项相关的当期所得税和递延所得税，应计入所有者权益。

对于企业应计入当期损益的所得税按"当期应交所得税＋本期递延所得税负债增加额－本期递延所得税资产增加额"所得额，借记"所得税费用"，按递延所得税资产本期增加额借记"递延所得税资产"；按本期增加的递延所得税负债，贷记"递延所得税负债"科目，同时按本期应交的所得税贷记"应交税费——应交所得税"科目。

3.所得税汇算清缴的会计处理

根据《企业所得税暂行条例》的规定，企业所得税按年计算，分月或分季预缴。企业按月（季）预缴、年终汇算清缴所得税。所得税汇算清缴就是各企业所得税的纳税人于每年 4 月 30 日前向主管税务机关提交相关的汇算表格，对上年度所得税的调整事项进行调增或调减，进行清算的一个过程。

预缴所得税费用时，根据计算金额，借记"所得税费用"科目，贷记"应交税费——应交所得税"科目；实际缴纳时，借记"应交税费——应交所得税"科目，贷记"银行存款"科目。

企业在所得税汇算清缴后往往会对企业的会计利润进行调增或调减，同时对以往所得税的计提、上交等会计分录要进行账务调整。

（1）会计利润增减调整的会计处理。企业汇算清缴涉及上年度损益调整事项的，应通过"以前年度损益调整"科目进行核算，调增利润时借记相关科目，贷记本科目；调减利润时借记本科目，贷记相关科目。

（2）虚报亏损所得税的会计处理。企业因存在多申报亏损少计应纳税所得额的情况，被税务机关查出时由税务机关按所得税税率计算相应的应纳所得税额，并根据相关法律的有关规定进行处理。

（3）所得税减免的会计处理。企业所得税的减免分为法定减免和政策性减免。法定减免是根据税法规定公布的减免政策，不需办理审批手续，纳税人就可以直接受政策优惠,其免税所得不需要计算应纳税款,直接结转本年利润,不做税务会计处理。

政策性减免是根据税法规定,由符合减免所得税条件的纳税人提出申请,经税务机关按规定的程序审批后才可以享受减免税的优惠政策。政策性减免的税款,实行先征后退的原则。在计缴所得税时,按上述有关会计处理编制会计分录,接到税务机关减免税的批复后,申请办理退税,收到退税款时,借记"银行存款",贷记"所得税费用"。

(4)对以前年度损益调整事项的会计处理。如果上年度年终结账后,于本年度发现上年度所得税计算有误,应通过损益科目"以前年度损益调整"进行会计处理。

"以前年度损益调整"科目的借方发生额,反映企业以前年度多计收益、少计费用而调整的本年度损益数额;贷方发生额反映企业以前年度少计收益、多计费用而需调整的本年度损益数额。

根据税法规定,纳税人在纳税年度内应计未计、应提未提的扣除项目,在规定的纳税申报期后发现的,不得转移以后年度补扣,但多计多提费用和支出应予以调整。企业发现上年度多计多提费用、少计收益时,应该借记"利润分配——未分配利润",贷记"以前年度损益调整";年末进行结账时,借记"以前年度损益调整",贷记"本年利润"。

(三)企业所得税的纳税申报

1.纳税时间

企业所得税的纳税年度是指自公历1月1日起至12月31日止的日历年度;企业在一个纳税年度的中间开业,或者由于合并、关闭等原因,使该纳税年度的实际经营期不足12个月的,应当以其实际经营期为一个纳税年度。企业清算时,应当以清算期间作为一个纳税年度。

2.纳税期限

纳税人应于月份或者季度终了后15日内,向其所在地主管税务机关报送会计报表和预缴所得税申报表,并在规定的纳税期限内预缴所得税。对于纳税的境外投资所得,可以在年终汇算时清缴。纳税人在纳税年度内,无论是盈利或亏损,均应按规定的期限办理纳税申报。

企业所得税的年终汇算清缴,在年度终了之日起五个月内进行。纳税人应向其所在地主管国税机关报送会计决算报表和所得税申报表,办理年终汇算清缴,结清应缴应退税款。汇总纳税企业年终汇算清缴申报期为年度终了后五个月内。

企业在年度中间终止经营活动的,应当自实际经营终止之日起 60 日内,向税务机关办理当期企业所得税汇算清缴。

纳税人依法进行清算时,其清算终了后的清算所得,应在办理工商注销登记前,向主管国税机关办理所得税申报,并依照规定缴纳企业所得税。

3. 纳税地点

(1)除税收法律、行政法规另有规定外,居民企业以企业登记注册地为纳税地点;但登记注册地在境外的,以实际管理机构所在地为纳税地点。企业登记注册地,是指企业依照国家有关规定登记注册的住所地。

(2)居民企业在中国境内设立不具有法人资格的营业机构时,应当汇总计算缴纳企业所得税。

(3)非居民企业在中国境内设立机构场所的,应当就其机构场所所取得的来源中国境内的所得,以及发生在中国境外但与其机构场所有实际联系的所得,以机构场所所在地为纳税地点。

(4)非居民企业在中国境内设立两个或者两个以上机构场所的,经税务机关审核批准,可以选择由其主要机构场所汇总缴纳企业所得税。

(5)非居民企业未设立机构场所的,或者虽设立机构场所,但取得时所得与其机构场所没有实际联系的,以扣缴义务人所在地为纳税地点。

(6)除国务院另有规定除外,企业之间不得合并缴纳企业所得税。

4. 纳税申报

企业所得税纳税申报采用自核自缴方式,于每月(季)按规定的期限办理预缴纳税申报。年终企业所得税清缴,由纳税人自行计算年度应纳税所得额和应缴所得税额,根据预缴税款情况,计算全年应缴纳税额,并填写纳税申报表,在税法规定的纳税申报期内向税务机关进行年度纳税申报,经税务机关审核后,办理结清手续。

纳税人在办理纳税申报时,应按照国税机关的有关规定,如实填写企业所得税年度纳税申报表,并提供下列有关资料或证件:财务会计报表及其说明资料;与纳税有关的合同、协议书及有关证明文件;所得税纳税申报表 3 个附表,即企业所得税纳税调整项目表,企业减免项目表,联营企业分利、股息收入纳税表;国家税务机关规定应当报送的其他有关证件资料。企业所得税年度纳税申报表的格式如表 6-4 所示。

表 6-4 中华人民共和国企业所得税年度纳税申请表（A 类）

税款所属期间：　　年　月　日至　　年　月　日

纳税人名称：

纳税人识别号：□□□□□□□□□□□□□□□　　　　金额单位:元

类别	行次	项目	金额
利润总额 计算	1	一、营业收入(填附表一)	
	2	减:营业成本(填附表二)	
	3	税金及附加	
	4	销售费用(填附表二)	
	5	管理费用(填附表二)	
	6	财务费用(填附表二)	
	7	资产减值损失	
	8	加:公允价值变动收益	
	9	投资收益	
	10	二、营业利润	
	11	加:营业外收入(填附表一)	
	12	减:营业外支出(填附表二)	
	13	三、利润总额(10＋11－12)	
应纳税所 得额计算	14	加:纳税调整增加额(填附表三)	
	15	减:纳税调整减少额(填附表三)	
	16	其中:不征税收入	
	17	免税收入	
	18	减计收入	
	19	减、免税项目所得	
	20	加计扣除	
	21	抵扣应纳税所得额	
	22	加:境外应税所得弥补境内亏损	
	23	纳税调整后所得(13＋14－15＋22)	
	24	减:弥补以前年度亏损(填附表四)	
	25	应纳税所得额(23－24)	

续表

类别	行次	项目	金额
应纳税额计算	26	税率(25%)	
	27	应纳所得税额(25×26)	
	28	减:减免所得税额(填附表五)	
	29	减:抵免所得税额(填附表五)	
	30	应纳税额(27－28－29)	
	31	加:境外所得应纳所得税额(填附表六)	
	32	减:境外所得抵免所得税额(填附表六)	
	33	实际应纳所得税额(30＋31－32)	
	34	减:本年累计实际已预缴的所得税额	
	35	其中:汇总纳税的总机构分摊预缴的税额	
	36	汇总纳税的总机构财政调库预缴的税额	
	37	汇总纳税的总机构所属分支机构分摊的预缴税额	
	38	合并纳税(母子体制)成员企业就地预缴比例	
	39	合并纳税企业就地预缴的所得税额	
	40	本年应补(退)的所得税额(33－34)	
附列资料	41	以前年度多缴的所得税额在本年抵减额	
	42	以前年度应缴未缴在本年入库所得税额	

纳税人公章:	代理申报中介机构公章:	主管税务机关受理专用章:
经办人:	经办人及执业证件号码:	受理人:
申报日期: 年 月 日	代理申报日期: 年 月 日	受理日期: 年 月 日

(资料来源:唐晓、何俐利,2017)

二、个人所得税的纳税会计与申报

(一)个人所得税简述

个人所得税是对个人(即自然人)的劳务和非劳务所得征收的一种税。个人所得税以个人取得的各项应税所得作为征税对象。在调节收入分配、缓解贫富差距、促进社会稳定及增加财政收入方面起到了积极的作用,被称为"经济的内在稳定器"。

1.个人所得税纳税义务人

所得税是对应税所得进行征收的一种税收,企业所得税是针对居民企业和非居民企业等组织进行征收的所得税,与企业所得税不同,个人所得税的征税对象为自然人,它是将自然人取得的各类应税所得作为征税对象而征税的一种税收,是政府采用税收的手段对个人收入来进行调节的方式。

根据我国《个人所得税法》的规定,在中国境内有住所或者无住所而在境内居住满一年的个人,从中国境内和境外取得的所得,依照规定缴纳个人所得税。在中国境内无住所又不居住或者无住所而在境内居住不满一年的个人,从中国境内取得的所得,依照规定缴纳个人所得税。

我国个人所得税的纳税义务人根据是否居住在我国,以及在我国居住时间长短的标准来看,可以分为居民纳税人和非居民纳税人。

居民纳税人与非居民纳税人如何判定,以及他们对个人所得税的纳税义务如何承担,其哪些所得应该征收个人所得税,对于这些问题,本书总结如表6-5所示。

表6-5　个人所得税纳税义务人的判定标准及纳税义务

纳税人类型	判定标准	居住时间	来自境内所得		来自境外所得	
			由境内经济组织或个人支付或者承担	由境外经济组织或个人支付或者承担	由境内经济组织或个人支付或者承担	由境外经济组织或个人支付或者承担
居民纳税人	在中国境内无固定住所,并且并不居住的个人	—	征税	免税	不在征税范围内,但是不包含高层管理人员以及董事	
	在中国境内无固定住所,并且居住的时间不超过1年的个人	90天或者183天之内	征税	免税		
		90天或者183天以上,1年以内	征税	征税		

续表

纳税人类型	判定标准	居住时间	来自境内所得		来自境外所得	
			由境内经济组织或个人支付或者承担	由境外经济组织或个人支付或者承担	由境内经济组织或个人支付或者承担	由境外经济组织或个人支付或者承担
非居民纳税人	在中国境内有固定住所	并不受具体居住时间的限制	征税	征税	征税	征税
	在中国境内无固定住所,并且在中国境内居住时间超过一年	1—5年	征税	征税	征税	征税
		5年以上	征税	征税	征税	征税

(资料来源:盖地,2015)

2.个人所得税税率

个人所得税按项目不同分别确定不同所得的个人所得税税率,各税目的具体税率如表6-6所示。

表6-6 个人所得税税率表

税目	税率			
	税率名称	级数	应缴纳所得额	税率
工资、薪金所得	7级超额累进税率	1	不超过1 500元	3%
		2	超过1 500至4 500元	10%
		3	超过4 500至9 000元	20%
		4	超过9 000至35 000元	25%
		5	超过35 000至55 000元	30%
		6	超过55 000元至80000元	35%
		7	超过80 000元	45%
个体工商户生产经营所得;对企事业单位承包、承租经营所得	5级超额累进税率	1	不超过15 000元	5%
		2	超过15 000至30 000元	10%
		3	超过30 000至60 000元	20%
		4	超过60 000至100 000元	30%
		5	超过100 000元	35%

续表

税目	税率			
	税率名称	级数	应缴纳所得额	税率
稿酬所得	比例税率	—	—	20%
劳务报酬所得	比例税率	—	不超过 20 000 元	20%
			超过 20 000 至 50 000 元	30%
			超过 50 000 元	40%
财产租赁所得	比例税率	—	—	20%
财产转让、偶然所得及其他所得	比例税率	—	—	20%
储蓄存款利息	比例税率	—	—	免征

(资料来源:李岩,2017)

(二)个人所得税的会计处理

企业按规定计算应代扣代缴的职工个人所得税时,应通过"应付职工薪酬""管理费用"和"应交税费——应交个人所得税"三个账户进行核算。

1. 工资、薪金所得的会计处理

支付工资、薪金的单位在代扣、代缴个人所得税时,应通过"应交税费——应交个人所得税"会计科目进行核算。代扣所得税时,借记"应付职工薪酬"账户,贷记"应交税费——应交个人所得税"账户。税款实际上缴入库时,记入"应交税费——应交个人所得税"科目的借方和"银行存款"科目的贷方。

2. 对企事业单位承包经营、承租经营所得的会计处理

在"应交税费"的科目下,设立"应交个人所得税"明细科目。在支付对企事业单位承包经营、承租经营所得的同时,按税法规定计算应代扣的个人所得税额,将代扣的个人所得税记入"应交税费——应交个人所得税"科目。税款代缴入库时,冲减"应交税费——应交个人所得税"。

3. 个体工商户经营所得纳税会计处理

对于个体工商户来说,个体支出也是一种费用,计算个体工商户的经营所得税时,借记为"所得税费用";贷记为"应交税费——应交个人所得税"。在实际缴纳时,借记为"应交税费——应交个人所得税";贷记为"应交税

费——应交个人所得税"。

4.其他项目个人所得税的会计处理

其他项目包含稿酬、个人劳务报酬、股息、红利、无形资产转让等,这些可以用统一的会计处理方法,只是借记的科目对应不同而已。例如,稿酬往往借方为"其他应付款",劳务报酬借记为"营销费用""管理费用"等,股息、红利的借记为"应付利润",无形资产转让借记为"无形资产"。而其贷记为"应交税费——应交代扣个人所得税"。在实际缴纳时,借记为"应交税费——应交代扣个人所得税";贷记为"银行存款、现金"等。

(三)个人所得税的纳税申报

个人所得税的纳税办法,有自行申报和代扣代缴两种,以所得人为纳税义务人,以支付所得的单位或者个人为扣缴义务人。个人所得超过国务院规定数额的,或者在两处以上取得工资、薪金所得和没有扣缴义务人的,以及具有国务院规定的其他情形的,纳税义务人应当按照国家规定办理纳税申报。扣缴义务人应当按照国家规定办理全员全额扣缴申报。

1.自行申报纳税

自行申报纳税,是由纳税人自行在税法规定的纳税期限内,向税务机关申报取得的应纳税所得项目和数额,如实填写个人所得税纳税申报表,并按照税法规定计算应纳税额,据此缴纳个人所得税的一种方法。

(1)适用情况

纳税义务人有下列情形之一的,应当按照规定到主管税务机关办理纳税申报:年所得 12 万元以上的;从中国境内两处或者两处以上取得工资、薪金所得的;从中国境外取得所得的;取得应纳税所得,没有扣缴义务人的;国务院规定的其他情形。

(2)纳税期限

年所得 12 万元以上的纳税义务人,在年度终了后 3 个月内到主管税务机关办理纳税申报。

个体工商户和个人独资、合伙企业投资者取得的生产、经营所得应纳的税款,分月预缴的,纳税人在次月 15 日内办理纳税申报;分季预缴的,纳税人在每个季度终了后 15 日内办理纳税申报;纳税年度终了后 3 个月内汇算清缴,多退少补。

纳税人年终一次性取得承包经营、承租经营所得的,自取得收入之日起 30 日内申报纳税;在一年内分次取得承包经营、承租经营所得的,应在取得每次所得后的次月 15 日内申报预缴,年度终了后 3 个月内汇算清缴,多退少补。

从中国境外取得所得的纳税义务人,应当在年度终了后 30 日内,向中国境内主管税务机关办理纳税申报。

个人独资企业和合伙企业在年度中间合并、分离终止时,投资者应当在停止生产经营之日起 60 日内,向主管税务机关办理当期个人所得税汇算清缴。

除以上规定的情形外,纳税人取得其他各项所得须申报纳税的,在取得所得的次月 15 日内向主管税务机关办理纳税申报。

(3)纳税地点

申报地点一般为收入来源地的主管税务机关;纳税人从两处或两处以上取得工资、薪金所得的,可选择并固定在其中一地税务机关申报纳税;从境外取得所得的,应向境内户籍所在地税务机关申报纳税。

在中国境内无任职、受雇单位,年所得项目中有个体工商户的生产、经营所得或者对企事业单位的承包经营、承租经营所得(以下统称生产、经营所得)的,向其中一处实际经营所在地主管税务机关申报。

在中国境内无任职、受雇单位,年所得项目中无生产、经营所得的,向户籍所在地主管税务机关申报。在中国境内有户籍,但户籍所在地与中国境内经常居住地不一致的,选择并固定向其中一地主管税务机关申报。在中国境内没有户籍的,向中国境内经常居住地主管税务机关申报。

个体工商户向实际经营所在地主管税务机关申报。

个人独资、合伙企业投资者兴办两个或两个以上企业的,区分不同情形确定纳税申报地点:兴办的企业全部是个人独资性质的,分别向各企业的实际经营管理所在地主管税务机关申报;兴办的企业中含有合伙性质的,向经常居住地主管税务机关申报;兴办的企业中含有合伙性质,个人投资者经常居住地与其兴办企业的经营管理所在地不一致的,选择并固定向其参与兴办的某一合伙企业的经营管理所在地主管税务机关申报。

除以上情形,纳税人应当向取得所得所在地主管税务机关申报。纳税人不得随意变更纳税申报地点,因特殊情况变更纳税申报地点的,须报原主管税务机关备案。

2.代扣代缴

代扣代缴是指按照税法规定负有扣缴税款义务的单位和个人,在向个人支付应纳所得额时,应计算应纳税额,从其所得中扣除并缴入国库,同时向税务机关报送扣缴个人所得税报告表(表6-7),这种方法,有利于控制税源、防止漏税和逃税。

表 6-7 扣缴个人所得税报告表

税款所属期：

扣缴义务人名称：

扣缴义务人所属行业：□一般行业　□特定行业　月份申报　□□□□□□

扣缴义务人编码：□□□□□□□□□□　　年　月　日至　年　月　日

序号	姓名	身份证件类型	身份证件号码	所得项目	所得时间	收入额	免税所得	税前扣除项目								减除费用	准予扣除的捐赠额	应纳税所得额	税率%	速算扣除数	应纳税额	减免税额	应扣缴税额	已扣缴税额	应补/退税额	备注
								基本养老保险费	基本医疗保险费	失业保险费	住房公积金	财产原值	允许扣除的税费	其他	合计											
1	2	3	4	5	6	7	8	9	10	11	12	13	14	15	16	17	18	19	20	21	22	23	24	25	26	27
合计																										

谨声明：此扣缴报告是根据《中华人民共和国个人所得税法》及其实施条例和国家有关税收法律法规规定填写的，是真实的、完整的、可靠的。

法定代表人（负责人）签字：

扣缴义务人公章： 经办人： 填表日期：　　年　月　日	代理机构（人）签章： 经办人： 经办人执业证件号码： 代理申报日期：　　年　月　日	主管税务机关受理专用章： 受理人： 受理日期：　　年　月　日

国家税务总局监制

（资料来源：唐晓，何利利，2017）

第四节 资源税的纳税会计与申报

所谓资源税,是对我国境内从事应税矿产品开采或生产盐的单位或个人所征收的一种税。资源税的征收主要是为了调节资源级差收入,并且将国有资源有偿使用的特点凸现出来。本节就来分析资源税的纳税会计与申报情况。

一、资源税简述

(一)资源税纳税义务人

资源税纳税人是指在境内从事应税资源开采或生产,并进行销售或自用的所有单位或个人。

(1)单位是指国有企业、集体企业、私营企业、股份制企业、其他企业和行政单位、事业单位、军事单位、社会团体及其他单位。个人是指个体经营者和其他个人。其他单位和其他个人包括外商投资企业、外国企业及外籍人员。

(2)中外合作开采石油、天然气,按照现行规定只征收矿区使用费,暂不征收资源税。

(3)独立矿山、联合企业和其他收购未税矿产品的单位,为资源税的扣缴义务人。

独立矿山是指只有采矿或只有采矿和选矿、独立核算、自负盈亏的单位,其生产的原矿和精矿主要用于对外销售。

联合企业是指采矿、选矿、冶炼(或加工)连续生产的企业或采矿、冶炼(或加工)连续生产的企业,其采矿单位一般是该企业的二级或二级以下核算单位。

独立矿山、联合企业收购未税矿产品的单位,按照本单位的应税产品税额标准,依据收购的数量代扣代缴资源税。

其他收购单位收购的未税矿产品,按照税务机关核定的应税产品税额标准,依据收购的数量代扣代缴资源税。

(二)资源税税率

我国资源税采取从价定率或者从量定额的办法计征,具体税率见表6-

8所示。

表6-8　资源税的税率

税目		税率
原油		销售额的5%—10%
天然气		销售额的5%—10%
煤炭	焦炭	每吨8—20元
	其他煤炭	每吨0.3—5元
其他非金融矿原矿	普通非金属矿原矿	每吨或每立方米0.5—20元
	贵重非金属矿原矿	每千克或每克拉0.5—20元
黑色金属矿原矿		每吨2—30元
有色金属矿原矿	稀土矿	每吨0.4—60元
	其他有色金属矿原矿	每吨0.4—30元
盐	固体盐	每吨10—60元
	液体盐	每吨2—10元

（资料来源：盖地，2017）

但是，需要注意如下几点。

第一，并非所有资源均征资源税，只有列入税目的七类产品才征资源税。

第二，并非列入税目的七类产品均征资源税，特别注意前三个税目中不包括的资源产品。

第三，列入税目的七类产品均为初级矿产品或原矿，而加工的资源产品不在征税范围之内。

二、资源税的会计处理

企业进行资源税会计核算时，应通过"应交税费——应交资源税"科目，贷方记录本期应缴纳的资源税税额，借方记录企业实际缴纳或抵扣的资源税税额，贷方余额表示企业应缴未缴的资源税税额。

由于资源税应纳税额计算上存在不同情况，故在会计处理时也应区别不同情况分别处理。

1.销售应税资源税产品的会计处理

企业计算销售应税产品应缴纳的资源税时：
借：营业税金及附加
　　贷：应交税费——应交资源税
上缴资源税时：
借：应交税费——应交资源税
　　贷：银行存款、应付账款

2.自产自用应税资源税产品的会计处理

企业核算时：
借：生产成本、制造费用
　　贷：应交税费——应交资源税
上缴时：
借：应交税费——应交资源税
　　贷：银行存款

3.收购未税矿产品的会计处理

企业收购未税矿产品时：
借：原材料（按实际支付的收购款与代扣代缴资源税的合计数）
　　贷：银行存款（按实际支付的收购款）
　　　　应交税费——应交资源税（按代扣代缴的资源税）

4.外购液体盐加工固体盐的会计处理

企业在购入液体盐时，所含的资源税可以在将液体盐加工成固体盐后，抵扣固体盐应缴纳的资源税。
借：应交税费——应交资源税（按允许抵扣的资源税）
　　原材料（按外购价扣除允许抵扣资源税后的数额）
　　贷：银行存款、应付账款（按应支付的全部价款）
将销售固体盐应纳资源税抵扣液体盐已纳资源税后的差额上缴时：
借：营业税金及附加
　　贷：应交税费——应交资源税
借：应交税费——应交资源税
　　贷：银行存款

三、资源税的纳税申报

(一)纳税时间

资源税的纳税义务发生时间如下。

(1)纳税人销售应税产品,纳税义务发生时间依据结算方式而定:纳税人采取分期收款结算方式的,其纳税义务发生时间为销售合同规定的收款日期的当天;纳税人采取预收货款结算方式的,其纳税义务发生时间为发出应税产品当天;纳税人采取其他结算方式的,其纳税义务发生时间为收讫销售款或取得索取销售款凭据的当天。

(2)扣缴义务人代扣代缴税款的纳税义务发生时间为支付首笔货款开具应支付货款凭据的当天。

(3)纳税人自产自用应税产品的纳税义务发生时间为移送使用应税产品的当天。

(二)纳税期限

资源税的纳税期限为 1 日、3 日、5 日、10 日、15 日、1 个月。以 1 个月为 1 期纳税的,自期满之日起 10 日内申报纳税;以 1 日、3 日、5 日、10 日、15 日为 1 期纳税的,自期满之日起 5 日内预缴税款,于次月 1 日起 10 日内申报纳税并结清上月税款。

(三)纳税地点

资源税的纳税地点如下。

(1)向开采或生产所在地主管税务机关缴纳,具体实施时应注意:纳税人跨省、自治区、直辖市开采资源税应税产品,其下属生产单位与核算单位不在同一省、自治区、直辖市的,对其开采的矿产品一律在开采地纳税。

(2)纳税人在本省、自治区、直辖市范围内开采或者生产应税产品,纳税地点的调整由省、自治区、直辖市税务机关确定。

(3)扣缴义务人代扣代缴资源税,向收购地主管税务机关缴纳。

(四)纳税申报

纳税人应按条例有关规定及时办理纳税申报,并如实填写资源税纳税申报表(表6-9)。

表 6-9　资源税纳税申报表

纳税人名称			税款所属时期					
产品名称	课税单位	课税数量	单位税额	应纳税款	已纳税款	应补(退)税款	备注	
应税项目								
减免项目								
如纳税人填报,由纳税人填写以下各栏		如委托代理人填报,由代理人填写以下各栏					备注	
会计主管(签章)	纳税人(公章)	代理人名称			代理人(公章)			
		代理人地址						
		经办人姓名		电话				
以下由税务机关填写								
收到申报表日期			接收人					

(资料来源:吴坚真、柳建启、唐霏,2017)

第七章　会计工作组织

　　所谓会计工作组织,是指如何安排、协调和管理好企业的会计工作,包括会计机构的设置、会计人员的配备、会计法规的制定与执行、会计档案的保管等。① 本章将对会计工作组织的相关内容进行具体说明。

第一节　会计工作组织概述

一、会计工作组织的内容与意义

(一)会计工作组织的内容

　　就会计工作组织的内容而言,其具体包含以下几个方面。
(1)会计机构的设置。
(2)会计人员的配备。
(3)会计人员的职责权限。
(4)会计工作的规范。
(5)会计法规制度的制定。
(6)会计档案的保管。
(7)会计工作的电算化。

(二)会计工作组织的意义

　　会计工作组织在完成会计职能、实现会计目标、发挥会计在经济管理中的作用等方面发挥着重要的意义。具体来说,科学的会计工作组织具有以下几个方面的意义。

---

　　① 丛爱红,周竹梅.基础会计学[M].北京:清华大学出版社,2019:254.

(1)有利于提高会计工作的质量和效率。

(2)能够协调与其他经济管理工作的关系。

(3)有利于明确内部分工,加强经济责任制。

(4)有利于国家财政法规和企业规章制度的正确执行。

二、会计工作组织的原则

会计工作组织要想保证组织工作的准确和有效,就要遵循一定的原则。

(一)统一性原则

会计工作组织必须按照国家对会计工作的统一要求来组织会计工作。会计工作组织受《会计法》《总会计师条例》《会计基础工作规范》《会计档案管理办法》《企业会计准则》等各种法规和制度的制约,各个单位在组织会计工作时必须充分了解国家的相关法律法规,并且按照统一要求来执行。

(二)适用性原则

会计工作组织在遵照国家统一要求的同时也应考虑不同行业和不同单位的特点,遵循适用性原则,根据自身生产经营管理的实际情况来组织会计工作,进而对本单位的会计机构、会计人员以及会计制度等进行合理设置。

(三)成本效益原则

成本效益原则也是会计工作组织应遵循的重要原则。在组织本单位的会计工作时,要在保证会计工作质量的前提下,力求节约工作时间,同时降低成本费用,提高工作效率。

(四)内部控制与责任制原则

在组织会计工作时要遵循内部控制与责任制原则,即明确工作岗位和职责权限,从现金收支、财产物资保管到各项费用的开支等形成相互牵制机制,加强风险管理与控制,建立信息沟通交流机制,完善内部监督,从而确保会计工作组织规范化、条理化。

第二节 会计机构和岗位责任制度

一、会计机构

（一）会计机构的含义

从广义上来讲，我国的会计机构包含三个部分，即会计管理机构、会计核算机构和会计中介服务机构。会计管理机构是指政府职能部门中负责组织领导会计工作的机构。在我国，国务院财政部门主管全国的会计工作，县级以上地方各级人民政府财政部门管理本行政区域内的会计工作。会计核算机构是指会计主体中直接从事会计工作的职能部门。会计中介服务机构是指会计师事务所等依法设立的中介机构，其受当事人委托，承办有关会计、审计、税务、咨询等业务。

从狭义上来讲，会计结构是指会计核算机构，是由会计人员组成，负责组织领导和从事会计工作的职能单位。会计结构是企业内部领导和从事会计工作的组织保证。

各个单位要想做好会计工作，充分发挥会计能力，就要建立健全会计机构，配备具有从业资格、数量和质量相当的会计人员。

（二）会计机构的设置

为了满足会计业务的需要，各单位应该设置会计机构，或者在有关机构中设置会计人员并指定会计主管人员。如果不具备设置条件，应当委托经批准设立从事会计代理记账业务的中介机构代理记账。设置的要求具体如下所述。

第一，实行独立核算的大、中型企业，实行企业化管理的事业单位，以及财政收支数额较大、会计业务较多的机关团体和其他组织，应当设置会计机构。设置会计机构的单位，应当配备会计机构负责人，同时建立稽核制度。

第二，不具备单独设置会计机构条件的单位，允许其在有关机构中设置会计人员，指定会计主管人员，并设置必要的会计工作岗位，其中核算、出纳为必设岗位。这种会计机构的设置形式多见于行政机关、事业单位和小中型企业。会计主管人员是指负责组织管理会计实务、行使会计机构负责人职权的负责人。尽管只配备专职会计人员,但是也必须具有健全的财务会计制度和严格的财务手续。

第三,没有设置会计机构或者配备会计人员的单位,应当根据《代理记账管理办法》的规定,委托会计师事务所或者持有代理记账许可证书的代理记账机构进行代理记账,以确保单位的会计工作有序进行。

二、会计工作岗位责任制度

(一)会计工作岗位的设置

各单位应当根据会计业务需要设置会计工作岗位。会计工作岗位主要包含以下几个部分:会计机构负责人或者会计主管人员、出纳、财产物资核算、工资核算、成本费用核算、财务成果核算、资金核算、往来结算、总账报表、稽核、档案管理等。开展会计电算化和管理会计的单位,可以根据需要设置相应工作岗位,也可以与其他工作岗位相结合。

会计工作岗位可以一人一岗,可以一人多岗,还可以一岗多人。但出纳人员不得兼管稽核、会计档案保管和收入、支出、费用、债权债务账目的登记工作。会计人员的工作岗位应当有计划地进行轮换。

(二)会计工作的组织形式

企业会计工作的组织形式不同,企业财务会计机构的工作范围也会不同。就独立核算单位的会计工作而言,其组织形式包含集中核算和非集中核算两种。

1. 集中核算

企业会计工作主要集中在厂(公司)级会计部门进行的核算组织方式称为集中核算,其适用于中、小型企业。采用集中核算组织方式,企业经济业务的明细核算、总分类核算、会计报表编制和各有关项目的考核分析等会计工作,集中由厂(公司)级会计部门进行。其他职能部门、车间、仓库的会计组织或会计人员,只负责登记原始记录和填制原始凭证,并经初步整理后,为厂(公司)级会计部门进一步核算提供资料。运用集中核算组织形式,可以减少核算环节,简化核算手续,精减会计人员,但不便于企业内部有关部门及时利用核算资料进行考核与分析。

2.非集中核算

非集中核算又称"分散核算",是指将与企业内部各部门、车间、仓库业务相关的明细分类核算,即分散在各部门、车间、仓库进行的一种核算组织方式。具体而言,非集中核算就是将企业某些经济业务的凭证整理、明细核算以及与企业内部单位日常管理需要相适应的内部报表的编制和分析,分散到直接从事该业务的车间、仓库、部门进行。实行分散核算,有利于企业内部有关部门及时利用核算资料进行考核与分析,但会增加会计人员的数量,对厂(公司)级会计部门集中掌握和监督企业内部各单位的经济业务情况有一定影响。

集中核算和分散核算是相对的,在具体工作中,企业可以根据需要对某些会计业务采用集中核算,而对另一些业务采用分散核算。无论采用哪种形式,企业对外的现金、银行存款往来、物资购销、债权债务的结算都应由厂(公司)级会计部门集中办理。

第三节 会计工作人员

一、会计工作人员的设置与要求

(一)会计工作人员的设置与一般要求

所谓会计工作人员,是指依法在会计岗位上从事会计工作的人员。会计人员的职责在于认真贯彻执行和维护国家财经制度和财经纪律,及时进行会计核算,提供真实可靠的会计信息,积极参与单位的经营管理。

就会计工作人员的一般要求而言,会计工作人员应具备必要的专业知识和专业技能,熟悉国家有关法律、法规、规章和国家统一的会计制度,遵守职业道德,按照国家有关规定参加会计业务的培训。为了提高会计工作人员的专业素质,各单位应当合理安排会计人员的培训,保证会计人员每年有一定时间用于学习和参加培训。

(二)会计机构负责人

单位中的会计机构负责人(会计主管人员)应当具备以下基本条件。
(1)坚持原则,廉洁奉公。

（2）具有会计师以上专业技术职务资格或者从事会计工作不少于三年。

（3）熟悉国家财经法律、法规、规章和方针、政策,掌握本行业业务管理的有关知识。

（4）有较强的组织能力。

（5）身体状况能够适应本职工作的要求。

国家机关、国有企业和事业单位在任用会计人员时,应当实行回避制度,即单位领导人的直系亲属不得担任本单位的会计机构负责人、会计主管人员。此外,会计机构负责人、会计主管人员的直系亲属不得在本单位会计机构中担任出纳工作。

（三）总会计师

总会计师由具有会计师以上专业技术资格的人员担任,其行使《总会计师条例》规定的职责、权限。国有的和国有资产占控股地位或者主导地位的大、中型企业必须设置总会计师。

二、会计人员的职责和权限

各单位应当明确会计人员的职责、权限,以使会计人员更好地完成各项工作任务,提高工作积极性。根据《会计法》的规定,会计人员的主要职责是会计核算与监督。当然也包含其他职责,如参与经营管理和计划、决策制定,建立会计制度,编制财务预算,加强内部控制,进行内部审计等。

（一）会计核算

会计人员的基本职责是以实际发生的经济业务为依据,按照国家统一的会计制度进行会计核算,及时提供可靠、相关的会计信息,如实反映企业的财务状况、经营成果和现金流量情况。具体而言,会计人员应该根据国家统一会计制度的要求,切实做好记账、算账和报账工作。《会计法》规定,以下经济业务事项,应当办理会计手续,进行会计核算。

（1）款项和有价证券的收付。

（2）财物的收发、增减和使用。

（3）债权债务的发生和结算。

（4）资本、基金的增减。

（5）收入、支出、费用、成本的计算。

（6）财务成果的计算和处理。

（7）需要办理会计手续、进行会计核算的其他事项。

在进行会计核算的过程中,会计人员不能有下列行为。

(1)随意改变资产、负债、所有者权益的确认标准或者计量方法,虚列、多列、不列或者少列资产、负债、所有者权益。

(2)虚列或者隐瞒收入,推迟或者提前确认收入。

(3)随意改变费用、成本的确认标准或者计量方法,虚列、多列、不列或者少列费用、成本。

(4)随意调整利润的计算、分配方法,编造虚假利润或者隐瞒利润。

(5)违反国家统一的会计制度规定的其他行为。

(二)会计监督

会计人员在进行核算时,还应当采取监督行为,即依据相关法律法规和单位内部相关规定对本单位的各项经济业务和会计手续的合法性、合规性和合理性进行监督。具体包含以下内容。[1]

(1)对原始凭证进行审核和监督,对不真实、不合法的原始凭证,不予受理;对弄虚作假、严重违法的原始凭证,在不予受理的同时,应当予以扣留,并及时向单位领导人报告,请求查明原因,追究当事人的责任;对记载不明确、不完整的原始凭证,予以退回,要求经办人员更正、补充。

(2)对伪造、变造、故意毁灭会计账簿或者账外设账行为,应当制止和纠正;制止和纠正无效的,应当向上级主管单位报告,请求做出处理。

(3)对实物、款项进行监督,督促建立并严格执行财产清查制度,发现账簿记录与实物、款项不符时,应按有关规定进行处理或及时向本单位有关负责人报告,请求查明原因,做出处理。

(4)对指使、强令编造、篡改财务报告行为,应当制止和纠正;制止和纠正无效的,应当向上级主管单位报告,请求处理。

(5)对财务收支进行监督,对违反《会计法》和国家统一的会计制度规定的会计事项,有权拒绝办理或者按照职权予以纠正,保证财务收支符合国家统一的财政、税务、会计制度规定和单位的规章制度,手续齐备,内容正确。

(6)对单位制定的预算、财务计划、经济计划、业务计划的执行情况进行监督。

三、会计工作交接

当会计人员因工作调动、离职或因病暂时不能工作时,要将本人会计工

---

[1]　丛爱红,周竹梅.基础会计学[M].北京:清华大学出版社,2019:259.

作全部移交给接替人员。没有办清交接手续的，不得调动或者离职。接替人员应当认真接管移交工作，并继续办理移交的未了事项。

（一）交接前的准备工作

会计人员在办理移交手续前，需要做好以下工作。

（1）已经受理的经济业务尚未填制会计凭证的，应当填制完毕。

（2）尚未登记的账目，应当登记完毕，并在最后一笔余额后加盖经办人员印章。

（3）整理应该移交的各项资料，对未了事项写出书面材料。

（4）编制移交清册，列明应当移交的会计凭证、会计账簿、会计报表、印章、现金、有价证券、支票簿、发票、文件、其他会计资料和物品等内容；实行会计电算化的单位，从事该项工作的移交人员还应当在移交清册中列明会计软件及密码、会计软件数据磁盘及有关资料、实物等内容。

（5）会计机构负责人、会计主管人员移交时，还必须将全部财务会计工作、重大财务收支和会计人员的情况等，向接替人员详细介绍。对需要移交的遗留问题，应当写出书面材料。

（二）移交点收

移交人员在办理移交时，要按移交清册逐项移交；接替人员要逐项核对点收。

（1）现金、有价证券要根据会计账簿有关记录进行点交。库存现金、有价证券必须与会计账簿记录保持一致。不一致时，移交人员必须限期查清。

（2）会计凭证、会计账簿、会计报表和其他会计资料必须完整无缺。如有短缺，必须查清原因，并在移交清册中注明，由移交人员负责。

（3）银行存款账户余额要与银行对账单核对，如不一致，应当编制银行存款余额调节表调节相符，各种财产物资和债权债务的明细账户余额要与总账有关账户余额核对相符；必要时，要抽查个别账户的余额，与实物核对相符，或者与往来单位、个人核对清楚。

（4）移交人员经管的票据、印章和其他实物等，必须交接清楚。

（三）专人负责监交

在会计人员办理交际手续时，应该有监交人负责监交。通常情况下，会计人员交接由单位会计机构负责人、会计主管人员负责监交；会计机构负责人、会计主管人员交接，由单位领导人负责监交，必要时可由上级主管部门派人会同监交。

(四)交接后的有关事宜

在相关工作交际完毕之后,交接双方和监交人员要在移交清册上签名或者盖章,并应在移交清册上注明:单位名称,交接日期,交接双方和监交人员的职务、姓名,移交清册页数以及需要说明的问题和意见等。移交清册一般应当填制一式三份,交接双方各执一份,存档一份。接替人员应当继续使用移交的会计账簿,以保持会计记录的连续性。

(五)交接人员的责任

在进行会计工作交接时,移交人员对所移交的会计凭证、会计账簿、会计报表和其他有关资料的合法性、真实性承担法律责任。会计资料移交后,如发现是在其经办会计工作期间内所发生的问题,由原移交人员负责。

四、会计人员的职业道德

会计职业活动中应当遵循的、体现会计职业特征的、调整会计职业关系的职业行为准则和规范,就是会计职业道德。《会计基础工作规范》对会计人员的职业道德做出了明确规定。

(1)热爱本职工作,努力钻研业务,使自己的知识和技能适应所从事工作的要求。

(2)熟悉财经法律、法规、规章和国家统一会计制度,并结合会计工作进行广泛宣传。

(3)按照会计法律、法规和国家统一会计制度规定的程序和要求进行会计工作,保证所提供的会计信息合法、真实、准确、及时、完整。

(4)办理会计事务应当实事求是、客观公正。

(5)熟悉本单位的生产经营和业务管理情况,运用掌握的会计信息和会计方法,为改善单位内部管理、提高经济效益服务。

(6)保守本单位的商业秘密。除法律规定和单位领导人同意外,不能私自向外界提供或者泄露单位的会计信息。

各部分应当定期检查会计人员遵守职业道德的情况,并作为会计人员晋升、晋级、聘任专业职务、表彰奖励的重要考核依据。

第四节 会计档案管理

一、会计档案的内容与作用

所谓会计档案,是指单位在进行会计核算等过程中接收或形成的,记录和反映单位经济业务事项的,具有保存价值的文字、图表等各种形式的会计资料,也包括通过计算机等电子设备形成、传输和存储的电子会计档案。

(一)会计档案的内容

就会计档案的内容而言,具体包含以下几个方面。

(1)会计凭证,包括原始凭证、记账凭证。

(2)会计账簿,包括总账、明细账、目记账、固定资产卡片及其他辅助性账簿。

(3)财务会计报告,包括月度、季度、半年度、年度财务会计报告。

(4)其他会计资料,包括银行存款余额调节表、银行对账单、纳税申报表、会计档案移交清册、会计档案保管清册、会计档案销毁清册、会计档案鉴定意见书及其他具有保存价值的会计资料。

(二)会计档案的作用

会计档案是各单位的重要档案,也是国家档案的重要组成部分。会计档案是对一个单位经济活动的记录和反映,是记录和反映经济活动的重要史料和证据,有着极其重要的作用。

(1)通过会计档案可以了解每项经济业务的来龙去脉,了解企业的生产经营情况,有助于各单位进行经济前景的预测和进行经营决策,编制财务、成本计划,会计档案也为国家制定宏观经济政策提供参考。

(2)会计档案是总结经验、揭露责任事故、打击经济领域犯罪、分析和判断事故原因的重要依据。

(3)运用会计档案可以为解决经济纠纷,处理遗留的经济事务提供依据。

(4)在经济学的研究活动中,会计档案具有重要的史料价值。

二、会计档案的保管

档案管理工作是各单位需要加强的工作,各单位应当建立和完善会计档案的收集、整理、保管、利用和鉴定销毁等管理制度,采取可靠的安全防护技术和措施,保证会计档案的真实、完整和安全。

各单位的会计档案主要由本单位的档案机构或者档案工作人员所属机构(以下统称单位档案管理机构)负责管理。单位也可以委托具备档案管理条件的机构代为管理会计档案。

单位的会计机构或会计人员所属机构(以下统称单位会计管理机构)按照归档范围和归档要求,负责定期将应当归档的会计资料整理立卷,编制会计档案保管清册。当年形成的会计档案,在会计年度终了后,可由单位会计管理机构临时保管一年,再移交单位档案管理机构保管。单位会计管理机构临时保管会计档案最长不超过三年。

单位应当严格按照相关制度利用会计档案,在进行会计档案查阅、复制、借出时履行登记手续,严禁篡改和损坏。单位保存的会计档案一般不得对外借出,确因工作需要且根据国家有关规定必须借出的,应当严格按照规定办理相关手续。会计档案的保管期限分为永久、定期两类。定期保管期限一般分为 10 年和 30 年。会计档案的保管期限如表 7-1 所示。

表 7-1 企业和其他组织会计档案保管期限

序号	档案名称	保管期限	备注
一	会计凭证		
1	原始凭证	30 年	
2	记账凭证	30 年	
二	会计账簿		
3	总账	30 年	
4	明细账	30 年	
5	日记账	30 年	
6	固定资产卡片		固定资产报废清理后保管 5 年
7	其他辅助性账簿	30 年	

续表

序号	档案名称	保管期限	备注
三	财务会计报告		
8	月度、季度、半年度财务会计报告	10 年	
9	年度财务会计报告	永久	
四	其他会计资料		
10	银行存款余额调节表	10 年	
11	银行对账单	10 年	
12	纳税申报表	10 年	
13	会计档案移交清册	30 年	
14	会计档案保管清册	永久	
15	会计档案销毁清册	永久	
16	会计档案鉴定意见书	永久	

（资料来源：丛爱红、周竹梅，2019）

三、会计档案的移交和销毁

在办理会计档案移交时，单位会计管理机构应当编制会计档案移交清册，并按照国家档案管理的有关规定办理移交手续。纸质会计档案移交时应当保持原卷的封装。电子会计档案移交时应当将电子会计档案及其原数据一并移交，并且文件格式应当符合国家档案管理的有关规定。

对于到保管期限的会计档案，单位应当定期进行鉴定，并形成会计档案鉴定意见书。经鉴定，仍需继续保存的会计档案，应当重新划定保管期限；对保管期满，确无保存价值的会计档案，可以销毁。

可以销毁的会计档案应该按照以下程序销毁。

首先，单位档案管理机构编制会计档案销毁清册，列明拟销毁会计档案的名称、卷号、册数、起止年度、档案编号、应保管期限、已保管期限和销毁时间等内容。

其次，单位负责人、档案管理机构负责人、会计管理机构负责人、档案管理机构经办人、会计管理机构经办人在会计档案销毁清册上签署意见。

最后，单位档案管理机构负责组织会计档案销毁工作，并与会计管理机构共同派员监销。监销人在会计档案销毁前,应当按照会计档案销毁清册所列内容进行清点核对;在会计档案销毁后,应当在会计档案销毁清册上签名或盖章。

此外,电子会计档案的销毁还应当符合国家有关电子档案的规定,并由单位档案管理机构、会计管理机构和信息系统管理机构共同派员监销。

总体而言,会计组织工作对于各单位工作顺利、有效地进行起着重要的作用,应当重视和加强会计组织工作。

第八章　会计工作规范与质量保障体系

会计工作的顺利展开离不开一定的规范要求与相关的保障体系。在长期的会计工作中,人们总结了一套合理的规范要求,从而为会计工作的有效展开提供保障。本章就来详细介绍会计工作规范与质量保障体系这两个方面的内容。

第一节　会计工作规范及会计工作质量保障体系概述

一、会计工作规范概述

会计工作规范是会计人员正确处理工作所要遵循的行为标准,是指导和约束会计行为向着合法化、合理化和有效化方向发展的路标。为了保证会计信息的真实性、完整性和可比性,目前我国通过各种法律、财经法规和制度、企业会计准则、会计制度等予以规范。

我国会计的标准化经过将近 20 年的改革,已经基本完成,会计法规体系的建设已初步形成。会计法规体系从立法的规划来看,大体有以下几个层次。

第一个层次是会计法律,是指由国家最高权力机关——全国人民代表大会及其常务委员会经过一定立法程序制定的有关会计工作的法律,包括《中华人民共和国会计法》(以下简称《会计法》)和《仲裁会计师法》。《会计法》是我国会计工作的根本大法,也是我国进行会计工作的基本依据。它在我国会计法规体系中处于最高层次,居于核心地位,是其他会计法规制定的基本依据。其他会计法规都必须遵循和符合《会计法》的要求。

第二个层次是会计的行政法规,是指由国家最高行政管理机关——国务院制定并发布,或者国务院有关部门拟定并经国务院批准发布,调整经济生活中某些方面会计关系的法律规范。其制定的依据是《会计法》,它通常以条例、办法、规定等具体名称出现。目前,会计的行政法规主要是1990年发布的《总会计师条例》,在新的形势下,对于总会计师、财务总监的地位,以及人员要求等内容需要补充。另外,2000年发布、2001年实行的《企业财务会计报告条例》,作为《会计法》的配套法律,对于企业会计的六大会计要素进行了重新定义。

第三个层次是国家统一会计制度,是指由国务院财政部根据《会计法》制定的关于会计核算、会计监督、会计机构和会计人员,以及会计工作管理的制度,包括规章和规范性文件。会计规章如《财政部门实施会计监督办法》《会计从业资格管理办法》《代理记账管理办法》《企业会计准则——基本会计准则》等。会计规范性文件如《小企业会计制度》《会计基础工作规范》《会计档案管理办法》《企业会计准则——具体准则》《企业会计准则——应用指南》等。

第四个层次是地方性会计法规,是指由各省、自治区、直辖市人民代表大会及其常务委员会在与宪法和会计法律、行政法规不相抵触的前提下制定发布的会计规范性文件,也是我国会计法律制度的重要组成部分。例如,计划单列市、经济特区的人民代表大会及其常务委员会制定的会计法规。

二、会计工作质量保障体系概述

(一)会计工作质量保障体系建立的意义

会计工作是指运用一整套会计专门方法,对会计事项进行处理的活动。从更广泛的意义上讲,会计工作就是和会计有关的一切会计活动,它不仅包括企业内部的会计组织活动、管理活动,也包括企业外部相关部门对会计工作的规范、监管、审计等与会计有关的活动。经济越发达,会计就越重要,会计工作在现代经济社会中发挥着越来越重要的作用。

会计工作过程和一般的产品生产过程有很多共性,产品质量可简述为满足用户的需求程度,越能满足用户的要求说明产品质量越好。要保证产品质量,必须建立一套完整的全面质量管理体系,即全体职工及有关部门同心协力,建立起从产品的设计、生产制造、监督检查、售后服务等全过程的质量保障体系。也就是说,要生产合格的产品,必须要有工作质量的全面保证。

会计工作的最终产品就是提供满足用户需求的会计信息,它是以财务报告这种形式表现出来的。在现代经济社会中,会计信息在反映企业经营状况、加强经济核算、提高企业经营管理水平、提供决策依据等方面起到了重要的作用。会计信息质量的好坏是通过能否满足利益相关者需要来评价的,它反映了整个会计工作质量的水平。会计信息的生成不是由某个环节独立来完成的,而是由多个环节共同作用的结果,因此对会计信息质量问题的探讨不能停留在某一环节,也要实行全面质量管理,建立一套完整、系统的保障体系,对会计工作的各个环节加以控制、监督才能确保会计信息这种产品的质量,满足用户的需求。

会计工作质量保障体系就是建立一套完整的法律规范体系、内部组织与控制体系、外部监督体系,对会计工作的各个环节进行计划、组织、监督和检查,以保障会计工作正常进行的一套保障措施。

(二)会计工作质量保障体系的构成

从会计工作过程的各个环节来看,会计工作质量保障体系也和其他产品质量保障体系一样包括了会计产品的设计环节、会计信息生成环节、会计工作检查与监督环节、会计工作售后环节。

会计工作中首先要明确会计工作提供什么样的信息产品,会计信息作为一种特殊的信息产品,其基本目标是反映企业管理层履行受托责任情况,为会计信息使用者提供决策依据。在确定其产品目标后,就要规定会计信息质量要求,确定好质量标准,越是高质量的会计信息,对使用者的作用就越大。会计信息设计环节的质量保证是整个会计工作质量保证体系的起点,设计环节质量保证体系的基本目标是设计出一套满足会计信息使用者需要,符合会计信息质量要求的高质量的会计规范体系。这要求我们通过完善会计准则和会计相关制度来规范会计信息质量,防止会计信息这种产品在设计上出现缺陷,达不到用户要求。

在明确了产品质量标准和要求之后,就是如何组织生产的问题。这个环节包括会计的确认、计量和列报等问题,是保障会计信息质量最重要的环节,这里要对会计工作的技术标准、工艺流程、内部控制、员工素质、职业道德等提出一系列的要求,这个环节要严格按照会计准则、会计基础工作规范、内部控制规范、会计人员配备等要求来组织会计工作,最终生产出高质量的会计信息。

对于会计信息这种特殊产品而言,它的质量检验主要是由内部会计人员的监督、外部监管部门和独立审计部门来完成的。通过对照会计信息质量要求,检验、验证会计信息是否符合会计质量标准要求,生成过程是否存在违规操作和信息失真情况,是否按照会计规范要求来处理会计业务。会计作为一种特殊的信息产品,还要考虑会计信息在存储、传递、使用过程中是否安全、可靠等问题,这是会计信息载体要涉及的内容。

售后环节主要涉及售后服务和违规的法律责任问题。一方面要了解会计信息质量哪些方面还需要改进,另一方面要明确对会计信息质量问题应承担什么样的责任。这要求我们建立一套以法律制度为核心的保障体系,这是会计工作质量保障的最后一道屏障。

通过以上分析可以看出,会计工作质量保障体系主要由以下几个方面构成。

其一,会计工作质量的法规保障体系。

其二,会计工作质量的组织保障体系。

其三,会计工作质量的信息载体保障体系。

第二节　会计工作质量的法规保障和组织保障

一、会计工作质量的法规保障

为了确保会计工作质量,使会计工作的最终产品即会计信息具有相关性和可靠性,满足人们的需要,我们需要建立一套完善的法规体系,用于规范会计行为,调整会计关系。通过相关的会计法律、法规、规章建设完善会计工作规范,增强会计工作方面的约束力和执行力,并作为会计工作的行为指南和评价标准,使整个会计工作有法可依,依法办事,保障会计工作质量。我国现在已形成了以《会计法》为主体,由会计法律、会计行政法规、会计部门规章和会计准则构成的会计法律制度体系。

(一)会计法律

会计法律是指由全国人民代表大会及常务委员会经过一定立法程序制定的有关会计工作的法律,属于会计法律制度中层次最高的法律规范,是制定其他会计法规的依据,也是指导和规范会计工作最根本的法规。我国现在主要的会计法律是《会计法》和《中华人民共和国注册会计师法》(以下简称《注册会计师法》)。

1.会计法

我国第一部《会计法》是在 1985 年 1 月 21 日由第六届全国人民代表大会常务委员会第九次会议通过的,于 1985 年 5 月 1 日起实施。随着我国经济体制的改革和发展以及一系列相关法规的健全,1993 年 12 月 29 日的第八届全国人民代表大会常务委员会第十二次会议对《会计法》进行了第一次修订。最近一次修订是在 1999 年 10 月 31 日第九届全国人民代表大会常务委员会第十二次会议上,并于 2000 年 7 月 1 日起施行。现行的《会计法》共有七章五十二条,其主要内容如下所述。

(1)总则部分

《会计法》明确了该法的立法目的是规范会计行为,保证会计资料真实、完整,加强经济管理和财务管理,提高经济效益,维护社会主义市场经济秩序。

《会计法》的适用范围是国家机关、社会团体、公司、企业、事业单位和其他组织。

《会计法》明确规定了各单位必须依法设置会计账簿,并保证其真实、完整。同时,单位负责人对本单位的会计工作和会计资料的真实性、完整性负责。会计机构、会计人员必须依照本法规定进行会计核算,实行会计监督。国务院财政部门主管全国的会计工作,县级以上地方各级人民政府财政部门管理本行政区域内的会计工作。该法明确规定在我国实行统一的会计制度。国家统一的会计制度由国务院财政部门根据本法制定并公布。

(2)会计核算内容

《会计法》明确规定了会计核算的基本要求,各单位必须根据实际发生的经济业务事项进行会计核算,填制会计凭证,登记会计账簿,编制财务会计报告。任何单位不得以虚假的经济业务事项或者资料进行会计核算。会计核算的基本内容如下所述。

①款项和有价证券的收付。

②财物的收发、增减和使用。

③债权债务的发生和结算。

④资本、基金的增减。

⑤收入、支出、费用、成本的计算。

⑥财务成果的计算和处理。

⑦需要办理会计手续、进行会计核算的其他事项。

(3)对公司、企业会计核算的特别规定

公司、企业的经济业务核算比较复杂,借鉴国际上规范公司、企业会计行为的一般做法,强调公司、企业必须根据实际发生的经济业务事项,按照国家统一的会计制度的规定确认、计量和记录资产、负债、所有者权益、收入、费用、成本和利润。要求公司、企业除应当遵守本法有关的规定外,不得有下列行为。

①随意改变资产、负债、所有者权益的确认标准或者计量方法,虚列、多列、不列或者少列资产、负债、所有者权益。

②虚列或者隐瞒收入,推迟或者提前确认收入。

③随意改变费用、成本的确认标准或者计量方法,虚列、多列、不列或者少列费用、成本。

④随意调整利润的计算、分配方法,编造虚假利润或者隐瞒利润。

⑤违反国家统一的会计制度规定的其他行为。

(4)会计监督

《会计法》明确规定了会计人员和单位负责人、社会中介组织、政府及有关部门在会计监督中的责任,建立三位一体的监督体系。

第一,通过设置不相容职务相互分离等牵制措施建立的单位内部监督体系。

第二,通过注册会计师进行审计的社会监督体系。

第三,以财政、审计、税务、人民银行、证券监管、保险监管等部门实施检查的国家监督体系。

(5)单位会计机构和会计人员的相关规定

《会计法》规定了会计机构的设置、总会计师的设置、会计机构内部稽核制度的建立、会计人员的从业资格、会计机构负责人的任职条件、会计人员工作交接等要求。

(6)法律责任

《会计法》对各种违规违法行为进行了详细的界定,规定了单位直接负责的主管人员和其他责任人违反《会计法》应负的行政责任和法律责任。根据情节轻重不同,违法人员将受到行政处分、追究刑事责任或民事责任等处罚。应依法给予行政处分的内容具体如下。

①不依法设置会计账簿的。

②私设会计账簿的。

③未按照规定填制、取得原始凭证或者填制、取得的原始凭证不符合规定的。

④以未经审核的会计凭证为依据登记会计账簿或者登记会计账簿不符合规定的。

⑤随意变更会计处理方法的。

⑥向不同的会计资料使用者提供的财务会计报告编制依据不一致的。

⑦未按照规定使用会计记录文字或者记账本位币的。

⑧未按照规定保管会计资料,致使会计资料毁损、灭失的。

⑨未按照规定建立并实施单位内部会计监督制度或者拒绝依法实施监

督或者不如实提供有关会计资料及有关情况的。

⑩任用会计人员不符合本法规定的。

以上行为之一构成犯罪的,应依法追究刑事责任。

应追究刑事责任的内容具体如下。

①伪造、变造会计凭证、会计账簿,编制虚假财务会计报告。

②隐匿或者故意销毁依法应当保存的会计凭证、会计账簿、财务会计报告。

③授意、指使、强令会计机构、会计人员及其他人员伪造、变造会计凭证、会计账簿,编制虚假财务会计报告或者隐匿、故意销毁依法应当保存的会计凭证、会计账簿、财务会计报告。

④单位负责人对依法履行职责、抵制违反本法规定行为的会计人员以降级、撤职、调离工作岗位、解聘或者开除等方式实行打击报复。

⑤财政部门及有关行政部门的工作人员在实施监督管理中滥用职权、玩忽职守、徇私舞弊或者泄露国家机密、商业秘密。

以上各条如果尚不构成犯罪的,可以根据不同情况,依法处以不同的罚款。属于国家工作人员的,还应当由其所在单位或者有关单位依法给予行政处分,对其中的会计人员,由县级以上人民政府财政部门吊销会计从业资格证书。

2. 注册会计师法

《注册会计师法》于 1993 年 10 月 31 日由第八届全国人民代表大会常务委员会第四次会议通过,并于 1994 年 1 月 1 日起实施,该法共七章四十六条。

《注册会计师法》的立法目的是发挥注册会计师在社会经济活动中的服务作用,加强对注册会计师的管理,维护社会公共利益和投资者的合法权益,促进社会主义市场经济的健康发展。

注册会计师是依法取得注册会计师证书并接受委托从事审计和会计咨询、会计服务业务的执业人员,会计师事务所是依法设立并承办注册会计师业务的机构。注册会计师执行业务,应当加入会计师事务所。注册会计师协会是由注册会计师组成的社会团体。

注册会计师承办的审计业务包括以下几个方面。

(1)审查企业会计报表,出具审计报告。

(2)验证企业资本,出具验资报告。

(3)办理企业合并、分立、清算事宜中的审计业务,出具有关报告。

(4)法律、行政法规规定的其他审计业务。

（5）注册会计师根据委托人的委托，从事审阅业务、其他业务和相关服务业务。

该法还对注册会计师资格的取得、会计事务所的设立与从业规则、注册会计师协会的性质以及注册会计师和会计事务所应承担的法律责任进行了规范。

（二）会计行政法规

会计行政法规是由国务院根据《会计法》制定，或由国务院有关部门拟订经国务院批准发布的，用于调整经济生活中某些方面会计关系的法律规范，由国务院制定的行政法规，其法律效力和权威性仅次于由全国人民代表大会及其常务委员会制定的法律，是一种重要的法律形式。

1.企业财务会计报告条例

2000年6月21日国务院制定和颁布了《企业财务会计报告条例》，并于2001年1月1日起施行。该报告条例是根据《会计法》，为了规范企业财务报告，保证财务报告的真实性、完整性而制定的，它是对《会计法》中有关财务报告部分的细化，主要内容如下。

（1）条例的适用范围。条例的适用范围是企业（包括公司），条例所称财务会计报告，是指企业对外提供的反映企业某一特定日期财务状况和某一会计期间经营成果、现金流量的文件。

（2）条例的总体要求及承担责任人。企业不得编制和对外提供虚假的或者隐瞒重要事实的财务会计报告。企业负责人对本企业财务会计报告的真实性、完整性负责。任何组织或者个人不得授意、指使、强令企业编制和对外提供虚假的或者隐瞒重要事实的财务会计报告。注册会计师、会计师事务所审计企业财务会计报告，应当依照有关法律、行政法规以及注册会计师执业规则的规定进行，并对所出具的审计报告负责。

（3）财务报告的构成。财务会计报告分为年度、半年度、季度和月度财务会计报告。年度、半年度财务会计报告应当包括会计报表、会计报表附注、财务情况说明书。其中，会计报表应当包括资产负债表、利润表、现金流量表及相关附表。此外，财务报告对报表的概念及构成、会计要素的定义等做了明确规范。

2.总会计师条例

1985年我国颁布实施的《会计法》，首次以法律的形式明确了设置总会计师的要求，充分肯定了总会计师制度，推动了我国总会计师制度的发展。

1990 年 12 月,国务院根据《会计法》的要求,发布了《总会计师条例》。该条例是为了确定总会计师的职权和地位,发挥总会计师在加强经济管理、提高经济效益中的作用而制定的,本条例对总会计师的地位、职责、权限、任免与奖惩做了完整、全面、系统、具体的规定,使我国总会计师制度进入了一个全新的发展时期。

1993 年修改《会计法》时再次明确规定:大、中型企业、事业单位和业务主管部门可以设置总会计师。前两次《会计法》中只是规定对符合条件的单位规定"可以"设置总会计师,也就是说,是否设置总会计师,是单位内部自己的事,本单位可以根据业务需要自行决定,没有作硬性规定。

1999 年修订的《会计法》对设置总会计师的范围又有了新的规定,即国有的和国有资产占控股地位或者主导地位的大、中型企业必须设置总会计师(《会计法》第 36 条)。《总会计师条例》是在 1990 年颁布的,随着我国经济体制的不断改革和经济环境的不断变化,该条例部分内容也应进行适当的修订。

(三)会计部门规章

会计部门规章是指国家主管会计工作的行政部门如中华人民共和国财政部(以下简称财政部)及其他相关部委根据其职责制定的关于会计工作某一方面的规范总称,主要包括企业内部控制、企业会计准则等相关法规,以具体指导会计工作的开展。

1.企业内部控制基本规范

国内外经济的迅速发展,经济体制改革的不断深入,资本市场的发展,所有权与经营权的分离,企业制度的改变,对会计工作的质量提出了更高的要求,建立一套完善的内部保障体系就越来越重要。

为了加强和规范企业内部控制,提高企业经营管理水平和风险防范能力,促进企业可持续发展,维护社会主义市场经济秩序和社会公众利益,根据国家有关法律法规,财政部会同证监会、审计署、银监会、保监会于 2008 年 5 月 22 日发布了《企业内部控制基本规范》,自 2009 年 7 月 1 日起在上市公司范围内施行,鼓励非上市的大中型企业执行。

《企业内部控制基本规范》共七章五十条,各章分别是:总则、内部环境、风险评估、控制活动、信息与沟通、内部监督和附则。其主要内容如下。

(1)本规范所称内部控制,是由企业董事会、监事会、经理层和全体员工实施的,旨在实现控制目标的过程。内部控制的目标是合理保证企业经营管理合法合规、资产安全、财务报告及相关信息真实完整,提高经营效率和效果,促进企业实现发展战略。

(2)要求企业在建立和实施内部控制全过程中贯彻全面性原则、重要性原则、制衡性原则、适应性原则和成本效益原则。

(3)全面、完整地构建内部控制的各个要素,构建以内部环境为重要基础、以风险评估为重要环节、以控制活动为重要手段、以信息与沟通为重要条件、以内部监督为重要保证,相互联系、相互促进的内部控制框架体系。

(4)控制措施一般包括不相容职务分离控制、授权审批控制、会计系统控制、财产保护控制、预算控制、运营分析控制和绩效考评控制等。

(5)企业应当根据本规范及其配套办法,制定内部控制监督制度,明确内部审计机构和其他内部机构在内部监督中的职责权限,规范内部监督的程序、方法和要求。

(6)企业应当结合内部监督情况,定期对内部控制的有效性进行自我评价,出具内部控制自我评价报告。

2. 企业内部控制配套指引

为了促进企业建立、实施和评价内部控制,规范会计师事务所内部控制审计行为,根据国家有关法律法规和《企业内部控制基本规范》(财会[2008]7号),财政部会同证监会、审计署、银监会、保监会制定了《企业内部控制应用指引第 1 号——组织架构》等 18 项应用指引、《企业内部控制评价指引》和《企业内部控制审计指引》(以上统称企业内部控制配套指引),自 2011 年1 月 1 日起在境内外同时上市的公司施行,自 2012 年 1 月 1 日起在上海证券交易所、深圳证券交易所主板上市公司施行。在此基础上,择机在中小板和创业板上市公司施行,鼓励非上市大中型企业提前执行。

企业内部控制应用指引包括组织架构、发展战略、人力资源、社会责任、企业文化、资金活动、采购业务、资产管理、销售业务、研究与开发、工程项目、担保业务、业务外包、财务报告、全面预算、合同管理、内部信息传递和信息系统 18 个应用文件,对企业内部控制各环节的实施进行了详细的阐述,这些指引将有效地指导和促进企业内部控制体系的建立。

制定《企业内部控制评价指引》的目的是促进企业全面评价内部控制的设计与运行情况,规范内部控制评价程序和评价报告,揭示和防范风险。内部控制评价是指企业董事会或类似权力机构对内部控制的有效性进行全面评价、形成评价结论、出具评价报告的过程。该指引主要内容包括评价原则、评价内容、评价程序、缺陷认定、评价报告。

制定《企业内部控制审计指引》的目的是规范注册会计师执行企业内部控制审计业务,明确工作要求,保证执业质量。内部控制审计是指会计师事务所接受委托,对特定基准日内部控制设计与运行的有效性进行审计。注册会计师可以单独进行内部控制审计,也可以将内部控制审计与财务报表审计整合进行,该指引的主要内容包括审计范围与审计目标、计划审计工作、实施审计工作、评价控制缺陷、完成审计工作、出具审计报告、记录审计工作。

与 2001 年财政部发布的《内部会计控制规范》相比,现有的《内部控制基本规范》及配套文件涉及范围更广,层次更高,体系更完善。它能更有效地满足当前经济社会的发展需要,对于提高会计工作质量,加强企业内部管理,建立科学、完善的内部控制保障体系起到了重要的作用。

(四)会计准则

会计准则是统一会计核算的技术标准,是会计人员进行会计活动时应遵循的技术规范。每个企业的业务内容不同,而不同的行业又有各自的特殊性,通过会计准则,使会计人员在进行会计核算时有了一个共同遵循的标准,各行各业的会计工作可在同一标准的基础上按统一的要求进行核算、分析和评价,使会计信息具有广泛的可比性。同时,会计准则是生成和提供高质量会计信息,完善资本市场,提供投资决策依据,保护投资者和社会公众利益的重要技术标准,也是对会计工作质量和会计信息质量进行评价与鉴定的依据。

新的会计准则体系将会计理论、指导思想、体系设计、技术标准融为一体,以适应我国现行的市场经济和经济全球化的发展趋势,与国际准则趋同,涵盖了企业的各项经济业务,实现了我国企业会计准则体系建设新的跨越和历史性的突破。我国现行的会计准则体系分为基本准则、具体准则和应用指南三个层次。

1. 企业会计准则——基本准则

基本准则在整个企业会计准则体系中起着统御作用。基本准则规范了包括财务报告目标、会计基本假设、会计要素的定义及其确认、会计信息质量要求、计量原则、财务报告内容等基本问题,基本准则的作用是指导具体准则的制定和对尚未有具体准则规范的会计实务问题提供原则性的处理依据,是会计准则制定的出发点,是制定具体准则的基础。在企业会计准则体系的建设中,各具体准则的第一条中做了明确规定,具体准则要严格按照基本准则的要求加以制定和完善。

2006 年 2 月 15 日,财政部发布了《企业会计准则——基本准则》。该基本准则是在 1992 年发布的《企业会计准则》的基础上,根据社会经济发展

的需要做了重大修订和调整而制定的,其主要内容如下:

(1)财务报告目标。企业应当编制财务会计报告,财务会计报告的目标是向财务会计报告使用者提供与企业财务状况、经营成果和现金流量等有关的会计信息,反映企业管理层受托责任履行情况,有助于财务会计报告使用者做出经济决策。

(2)会计基本假设。我国企业会计基本假设包括会计主体、持续经营、会计分期和货币计量。

(3)会计基础和记账方法。企业会计的确认、计量和报告应当以权责发生制为基础,企业应当采用借贷记账法记账。

(4)会计要素。会计要素包括资产、负债、所有者权益、收入、费用和利润。

(5)会计信息质量要求。会计信息质量要求是对企业财务报告中所提供会计信息质量的基本要求,是使财务报告中所提供会计信息对使用者的决策有用应具备的基本特征,它包括客观性、相关性、明晰性、可比性、实质重于形式、重要性、谨慎性和及时性等。

(6)会计计量属性。会计计量属性包括历史成本、重置成本、可变现净值、现值、公允价值。

(7)财务报告内容。财务报告包括财务报表和其他应当在财务报告中披露的相关信息和资料,报表至少应当包括资产负债表、利润表、现金流量表等报表,小企业编制的报表可以不包括现金流量表。

然而,随着社会的发展,会计准则为适应社会主义市场经济发展,进一步完善我国企业会计准则体系,提高财务报表列报质量和会计信息透明度,保持我国企业会计准则与国际财务报告准则的持续趋同,2014年7月,财政部对《企业会计准则——基本准则》中公允价值的定义进行了修订。

2.企业会计准则——具体准则

为规范企业各项具体业务的会计确认、计量和报告行为,保证会计信息质量,2006年2月15日,财政部根据《会计法》《企业会计准则——基本准则》等国家有关法律、行政法规,制定了《企业会计准则第1号——存货》等38项具体准则,自2007年1月1日起在上市公司范围内施行,鼓励其他企业执行,2014年又对这些具体准则做了部分修改和增加,现在是41项具体准则。具体会计准则是按照基本准则的内容要求,针对各种经济业务做出的具体规定,它的特点是操作性强,可以根据具体准则直接组织该项业务的核算。

3.企业会计准则——应用指南

2006年10月30日,财政部发文,根据《企业会计准则——基本准则》（中华人民共和国财政部令第33号）和《财政部关于印发〈企业会计准则第1号——存货〉等38项具体准则的通知》（财会〔2006〕3号），财政部制定了《企业会计准则——应用指南》,自2007年1月1日起在上市公司范围内施行,鼓励其他企业执行。2014年1月17日,财政部年初又发布了《企业准则解释第6号》,要求遵照执行。

企业会计准则是对会计基本问题的规范,那么如何对其解释,如何执行,就是《企业会计准则——应用指南》要解决的问题。企业会计准则指南与准则本身进行比较,同样具有重要意义。指南是对准则正文的进一步解释、说明,对具体准则相关条款的细化和对一些重点、难点内容提供可操作性规定和指导建议,指导企业会计业务的处理。应用指南对于全面贯彻执行新准则实施具有重要的指导作用,对于加强企业内部控制、提高会计工作质量具有全面的技术保障作用。

二、会计工作质量的组织保障体系

为了保证会计工作质量,完成会计的任务,发挥会计的职能与作用,加强经济核算,就必须科学、合理地组织会计工作。会计工作的组织就是为了适应会计工作的综合性、政策性、相关性和严密细致的特点,对会计机构的设置、会计人员的配置、会计制度的执行等各项工作所做的统筹安排,这是会计工作内部组织保障体系。

要保障会计工作质量完整性,提高会计信息的相关性和可靠性,还要建立外部的会计信息监管机制,即政府与社会的监督机制。内部会计工作组织保障机制和外部的会计信息监管机制构成了会计工作质量的主要组织保障体系。

(一)会计机构的设置

会计机构是会计活动开展的基本条件,会计人员是会计工作的主体,因此合理设置会计机构及岗位分工、配置会计人员并明确其工作职权职责,是会计工作顺利运行的组织保障,也是充分发挥会计管理职能作用的重要条件。各级政府管理机关要设置相应的会计机构,负责制定相关的会计规范,组织、管理、领导和监督所属单位的会计工作。单位会计机构是指各企、事业单位内部直接从事和组织领导会计工作的职能部门。

1.主管会计工作的国家管理机关

《会计法》第七条规定:"国务院财政部门主管全国的会计工作。县级以上地方各级人民政府财政部门管理本行政区域内的会计工作。"为此,国家财政部专设会计司,统一管理全国的会计工作。其主要职责具体如下。

(1)在财政部领导下,制定和提出全国会计工作的总体规划和实施措施,拟定全国性的会计法律法规和国家统一的会计制度,并组织贯彻实施。

(2)监督、检查和规范会计行为,指导和监督注册会计师和会计师事务所的业务,指导和管理社会审计。

(3)颁发会计工作的各项规章制度,对会计准则实施情况提供咨询并反馈有关信息。

(4)会同有关部门制定并实施全国会计人员专业技术职称考评制度。

地方财政部门、企业主管部门一般设置财务会计局、处、科等,其主要职责具体如下。

(1)根据财政部的统一规定制定适合本地区、本系统的会计制度。

(2)负责组织、领导和监督所属企业的会计工作。

(3)审核、分析和批复所属企业的财务会计报告,编制本地区、本系统的汇总会计报表。

(4)了解和检查所属企业的会计工作情况。

(5)负责本地区、本系统会计人员的业务培训,以及会同有关部门评聘会计人员技术职称等。

2.企业单位的会计机构

为了科学、合理地组织开展会计工作,保证单位正常的经济核算,各单位原则上应设置会计机构。一个单位是否单独设置会计机构,往往取决于以下几个因素:一是单位规模的大小;二是经济业务和财务收支的繁简;三是经营管理的要求。

《会计法》第三十六条规定:"各单位应当根据会计业务的需要,设置会计机构,或者在有关机构中设置会计人员并指定会计主管人员;不具备设置条件的,应当委托经批准设立从事会计代理记账业务的中介机构代理记账。"会计法的这一规定是对单位会计机构设置做出的具体要求。

基层企业一般应设置会计处、科、室等会计机构,在厂长、经理或总会计师的领导下,负责组织、领导本单位的会计工作。规模太小或业务量过少的单位可以不单独设置会计机构,但要配备专门的会计人员或指定专人负责会计工作。大中型企业、事业单位应当根据会计法和国家有关规定设置总会计师。

各单位应当根据会计业务需要设置会计工作岗位。以企业为例,会计工作岗位一般可分为会计机构负责人或者会计主管、出纳、财产物资核算、工资核算、成本费用核算、财务成果核算、资金核算、往来结算、总账报表、稽核、会计档案管理等岗位。开展会计电算化和管理会计的单位,可以根据需要设置相应的工作岗位,也可以与其他工作岗位相结合。会计工作岗位可以一人一岗、一人多岗或者一岗多人。但出纳人员不得兼管稽核、会计档案保管和收入、费用、债权债务账目的登记工作。

对于不具备设置会计机构条件的单位,应当根据《代理记账管理暂行办法》委托会计师事务所或者持有代理记账许可证书的其他代理记账机构进行代理记账,完成其会计工作。代理记账是指由社会中介机构即会计咨询、服务机构代替独立核算单位办理记账、算账、报账业务。这是随着我国经济发展出现的一种新的社会性会计服务活动。此项规定的目的是适应不具备设置会计机构、配备会计人员的小型经济组织解决记账、算账、报账问题的要求。

企业会计机构的主要职责包括组织会计核算、进行会计监督、制定适合本单位的会计政策和会计制度、参与本单位的各种计划制订和考核、进行会计分析、实行会计控制等。

3. 行政或事业单位的会计机构

行政或事业单位的会计机构,这类单位属于非营利组织,其资金来源由财政预算拨款形成,资金使用按经费预算开支,因其会计业务相对简单,会计机构的规模和岗位设置只要能满足对财政经费收支进行正确审核,及时准确记账和报告要求即可。行政或事业单位也要遵守内部控制原则,确保单位预算资金的安全与合理使用。

随着我国经济体制的改革和财政体制的转变,一部分事业单位先后实行了企业化管理,这类单位目前又存在完全企业化、财政部分拨款两种情况。完全企业化的事业单位,其单位性质已转为企业,会计机构的设置与企业相同。财政部分拨款的事业单位,既有有偿服务收支,又有财政预算拨款收支,其会计机构设置应当满足两方面的业务要求。由于会计工作与财务工作都是综合性的经济管理工作,它们之间的关系十分密切,在我国实际工作中,通常把二者合并在一起,设置一个财务会计机构,统一进行财务工作和会计工作。

（二）会计信息的监管

为了确保会计信息的质量，不仅要求企业内部通过严格的会计规范来组织和控制会计信息的生成，同时要求通过外部监管等形式来确保提供高质量的会计信息。会计信息的外部监管主要包括证监会的信息披露监管和会计师事务所的审计鉴证。

1.证监会对会计信息披露的监管

为了规范发行人、上市公司及其他信息披露义务人的信息披露行为，加强信息披露事务管理，保护投资者合法权益，根据《中华人民共和国公司法》《中华人民共和国证券法》等法律、行政法规，2006年12月13日中国证券监督管理委员会第196次主席办公会议审议通过了《上市公司信息披露管理办法》，并于2007年1月30日发布，自发布之日起执行。该办法对我国上市公司信息披露进行了全面的规范，要求信息披露义务人应当真实、准确、完整、及时地披露信息，不得有虚假记载、误导性陈述或者重大遗漏，信息披露义务人应当同时向所有投资者公开披露信息。

发行人、上市公司的董事、监事、高级管理人员应当忠实、勤勉地履行职责，保证披露信息的真实、准确、完整、及时、公平。在内幕信息依法披露前，任何知情人不得公开或者泄露该信息，不得利用该信息进行内幕交易。信息披露文件主要包括招股说明书、募集说明书、上市公告书、定期报告和临时报告等。该管理办法对披露文件内容做了详细规定，如定期报告包括年度报告、中期报告和季度报告，凡是对投资者做出投资决策有重大影响的信息，均应当披露。

年度报告中的财务会计报告应当经具有证券、期货相关业务资格的会计师事务所审计。对报告时间也做了严格要求，年度报告应当在每个会计年度结束之日起4个月内，中期报告应当在每个会计年度的上半年结束之日起2个月内，季度报告应当在每个会计年度第3个月、第9个月结束后的1个月内编制完成并披露，第一季度的季度报告的披露时间不得早于上一年度的年度报告披露时间。

公司年度报告应当记载以下内容。

（1）公司基本情况。

（2）主要会计数据和财务指标。

（3）公司股票、债券发行及变动情况，报告期末股票、债券总额、股东总数，公司前10大股东持股情况。

（4）持股5%以上股东、控股股东及实际控制人情况。

(5)董事、监事、高级管理人员的任职情况、持股变动情况、年度报酬情况。

(6)董事会报告。

(7)管理层的讨论与分析。

(8)报告期内重大事件及对公司的影响。

(9)财务会计报告和审计报告全文。

(10)中国证监会规定的其他事项。

该管理办法明确规定,中国证监会依法对信息披露文件及公告的情况、信息披露事务管理活动进行监督,对上市公司控股股东、实际控制人和信息披露义务人的行为进行监督。证券交易所应当对上市公司及其他信息披露义务人披露信息进行监督,督促其依法及时、准确地披露信息,对证券及其衍生品种交易实行实时监控。证券交易所制定的上市规则和其他信息披露规则应当报中国证监会批准。

2012年9月19日,为规范上市公司年度报告的编制及信息披露行为,保护投资者合法权益,根据《中华人民共和国公司法》《中华人民共和国证券法》等法律、法规及中国证券监督管理委员会的有关规定,证监会又修订和发布了《公开发行证券的公司信息披露内容与格式准则第2号——年度报告的内容与格式(2012年修订)》,并于2013年1月1日起施行。

该准则对上市公司披露的内容与格式做了详细的规定,要求在中华人民共和国境内公开发行股票并在证券交易所主板(含中小企业板)上市的股份有限公司应当按照本准则的要求编制和披露年度报告,本准则的规定是对公司年度报告信息披露的最低要求,对投资者投资决策有重大影响的信息,公司均应当披露。

同时规定,公司董事会、监事会及董事、监事、高级管理人员应当保证年度报告内容的真实、准确、完整,不存在虚假记载、误导性陈述或重大遗漏,并承担个别和连带的法律责任。对公司基本情况、会计数据、董事会报告、重要事项、股份变动及股东情况、内部控制等披露内容做了较为详细的规定。

2.会计师事务所的审计鉴证

审计是由独立的专门机构或人员,接受委托或根据授权,依法对被审计单位的财务报表和其他资料及其所反映的经济活动的真实性、合法性和效益性进行审查并发表审计意见的一种经济监督活动。审计的主体是独立的专门机构或人员,这里的专门机构是依法成立的会计师事务所,人员是指注册会计师。我国在1994年1月1日起实施的《注册会计师法》是我国注册会计师法律制度的基本规范,构成了注册会计师行业管理的法律依据。

随着经济的发展和财产所有权与经营管理权的分离,财产所有者与经营者形成了一种受托经济责任关系,为了保护投资者的利益,了解企业经营管理者的受托责任,要求企业的财务报告必须经过注册会计师的审计,通过审计工作,对财务报告发表审计意见,提出合理化建议,鉴证经济责任,为审计的委托人或授权人提供确切的信息,取信于社会公众。因此,注册会计师的审计是提高财务信息的可信度,降低财务信息风险的一种制度保证服务。

随着我国经济的迅速发展,注册会计师提供的服务领域越来越广,如审计、审阅、其他鉴证业务和相关服务等业务,但审计业务仍是注册会计师的核心业务。注册会计师提供的审计服务分为财务报表审计、经营审计和合规性审计。

财务报表审计是注册会计师通过执行审计工作,对财务报表是否按照适用的财务报告编制基础发表审计意见。经营审计是注册会计师为了评价被审计单位经营活动的效率和效果,而对其经营程序和方法进行的审计。合规性审计是注册会计师确定被审计单位是否遵循了特定的法律、法规、程序或规则,或者是否遵守将影响经营或报告的合同的要求。

审计报告是指注册会计师根据我国注册会计师审计准则的规定,在执行审计工作的基础上对被审计单位财务报表发表审计意见的书面文件。

审计报告分为标准审计报告和非标准审计报告。标准审计报告是指不附加说明段、强调事项段或任何其他修饰性用语的无保留意见的审计报告。无保留意见是指注册会计师通过实施审计工作,认为被审计单位的财务报表在所有重大方面按照适用的财务报告编制基础编制并实现公允反映时发表的审计意见。非标准审计报告是指标准审计报告以外的其他审计报告,包括带强调事项段或其他事项段的无保留意见的审计报告、非无保留意见的审计报告。非无保留意见的审计报告包括保留意见的审计报告、否定意见的审计报告和无法表示意见的审计报告。

注册会计师的审计报告具有鉴证、保护和证明作用。

注册会计师签发的审计报告不同于政府审计报告和企业内部审计报告,它是以超然独立的第三者身份,对被审计单位财务报表的合法性、公允性发表审计意见,该审计报告可以作为政府有关部门了解和掌握企业的财务状况和经营成果的重要依据。企业利益相关者,如股东、债权人、顾客等可以依据审计报告来判断企业的财务报表是否公允地反映了企业的经营状况和经营成果,以便进行投资、信贷等决策。审计报告得到政府和各部门及社会各界的普遍认可,因此这种审计报告具有鉴证作用。

注册会计师通过审计,对被审计单位财务报表出具不同类型的审计意见和审计报告,以提高或降低财务报表使用者对财务报表的依赖程度。财务报表使用者通过查阅被审计企业的财务报表和审计报告,可以了解该企业的经营情况和财务状况,做出相应的经营决策。因此,注册会计师出具的审计报告对股东的权益及企业利益相关人的利益起到保护作用。

审计报告是对注册会计师审计任务完成情况及其结果所做的一个总结,它可以表明审计工作的质量、明确注册会计师的审计责任。通过审计报告,可以证明注册会计师在审计过程中是否实施了必要的审计程序,是否以审计工作底稿为依据发表审计意见,发表的审计意见是否与单位的实际情况相一致,审计工作质量是否符合要求。因此,审计报告可以对审计工作质量和审计责任起证明作用,通过审计报告,可以证明注册会计师对审计责任的履行情况。

注册会计师执行审计业务应当遵循执业规范,我国注册会计师规范体系主要由中国注册会计师法、中国注册会计师执业准则、中国注册会计师职业道德准则和规范及中国注册会计师职业后续教育准则等构成。为了规范注册会计师的执业行为,提高执业质量,维护社会公众利益,促进社会主义市场经济的健康发展,2010 年中国注册会计师协会修订了《中国注册会计师审计准则第 1101 号——注册会计师的总体目标和审计工作的基本要求》等 38 项准则,自 2012 年 1 月 1 日起施行。这些准则的不断修订和颁布,为规范我国注册会计师审计行为,促进会计工作水平提高,保证会计信息质量起到了重要的外部保障作用。

第三节 会计工作质量的信息载体保障

信息载体是指在信息传播中携带信息的媒介,是信息赖以附载的物质基础,即用于记录、传输、积累和保存信息的实体,包括以实物形态记录为特征,运用纸张、胶卷、胶片、磁带、磁盘传递和贮存信息的有形载体和以能源与介质为特征,运用声波、光波、电波传递信息的无形载体。

会计信息包括记录和反映单位实际发生的经济业务事项的会计凭证、会计账簿、财务会计报告和其他会计资料,是记录和反映经济业务的重要资料和证据,是总结经营管理经验,检查各种经济责任事故的重要依据,因此会计信息在生成、传递、保管过程中要求真实、完整、安全,现有的会计信息载体现在主要表现为纸介质、磁介质和光盘等形式。随着科学技术的发展,会计工作经历了手工会计阶段、会计电算化阶段,现在正向网络化发展,会计信息载体也随之发生了变化。对于如何加强信息载体的保障工作这一问题,下面根据这三个阶段来进行简单的介绍。

一、传统的手工会计阶段

在手工会计阶段,信息载体主要是以纸介质为主,会计信息载体是以会计档案的形式存在。在这一阶段,我国建立了一套完整的会计档案管理制度,对会计信息存储起到了重要的保障作用。

为了加强会计档案管理,统一会计档案管理制度,更好地为发展社会主义市场经济服务,根据《会计法》和《中华人民共和国档案法》的规定,1998年8月21日,财政部与国家档案局发布了《会计档案管理办法》,并于1999年1月1日起执行,同时废止1984年6月1日财政部、国家档案局发布的《会计档案管理办法》。

新《会计档案管理办法》共21条,其主要内容如下所述。

(1)各级人民政府财政部门和档案行政管理部门共同负责会计档案工作的指导、监督和检查。

(2)会计档案的内容包括会计凭证类、会计账簿类、财务报告类、其他类。

(3)各单位每年形成的会计档案,应当由会计机构按照归档要求,负责整理立卷,装订成册,编制会计档案保管清册。

当年形成的会计档案,在会计年度终了后,可暂由会计机构保管一年,期满之后,应当由会计机构编制移交清册,移交本单位档案机构统一保管;未设立档案机构的,应当在会计机构内部指定专人保管。出纳人员不得兼管会计档案。

移交本单位档案机构保管的会计档案,原则上应当保持原卷册的封装。个别需要拆封重新整理的,档案机构应当会同会计机构和经办人员共同拆封整理,以分清责任。

(4)各单位保存的会计档案不得借出。如有特殊需要,经本单位负责人批准,可以提供查阅或者复制,并办理登记手续。查阅或者复制会计档案的人员,严禁在会计档案上涂画、拆封和抽换会计档案。

(5)会计档案的保管期限分为永久、定期两类。定期保管期限分为3年、5年、10年、15年、25年5类。会计档案的保管期限,从会计年度终了后第一天算起。

(6)会计档案的处理。一是对会计档案保管期满后的销毁程序做了具体的规定;二是单位因特定原因如撤销、破产、合并等终止情况下会计档案的处理。同时,对单位之间移交会计档案的手续做了详细的规定。

(7)采用电子计算机进行会计核算的单位,应当保存打印出的纸质会计档案。具备采用磁带、磁盘、光盘、微缩胶片等磁性介质保存会计档案条件的，由国务院业务主管部门统一规定，并报财政部、国家档案局备案。

二、会计电算化阶段

为了加强对会计电算化工作的管理，促进我国会计电算化事业的健康发展，财政部于 1994 年 6 月 30 日发布《会计电算化管理办法》，自 1994 年 7 月 1 日起施行。同期制定了《商品化会计核算软件评审规则》和《会计核算软件基本功能规范》，并于 1994 年 7 月 1 日实施。

随着计算机技术的发展，会计电算化的普及，计算机在会计工作中的应用越来越广泛，发展也越来越成熟，但会计信息在存储方面仍是以磁介质和纸介质并存的形式存在。在手工会计系统中，会计的档案是以纸介质为主，看得见，摸得着，相对易于检验和保管，但在会计电算化中，虽然磁盘、光盘这些磁介质具有存储速度快、容量大、携带方便等优点，但其缺点就是一旦损坏，很难恢复，后果很严重，同时面临着会计资料被篡改、计算机硬件和软件出现故障导致会计资料丢失的风险。因此，在《会计电算化管理办法》中明确规定：已经采用电子计算机替代手工记账的，其会计凭证、会计账簿、会计报表等会计档案保管期限按照《会计档案管理办法》的规定执行。

在计算机使用过程中，为保障信息的安全性也做了许多规范，如在《会计核算软件基本功能规范》第五章会计数据的安全中对以下常见情况做了明确规定。

会计核算软件具有按照初始化功能中的设定，防止非指定人员擅自使用的功能和对指定操作人员实行使用权限控制的功能。对存储在磁性介质或者其他介质上的程序文件和相应的数据文件，会计核算软件应当有必要的加密或者其他保护措施，以防止被非法篡改。一旦发现程序文件和相应的数据文件被非法篡改，应当能够利用标准程序和备份数据，恢复会计核算软件的运行。会计核算软件应当具有在计算机发生故障或者由于强行关机及其他原因引起内存和外存会计数据被破坏的情况下，利用现有数据恢复到最近状态的功能。

会计电算化的发展经历了模拟手工记账的探索起步阶段、与其他业务结合的推广发展阶段、引入会计专业判断的渗透融合阶段，即实现会计管理电算化，现在正走向与内部控制相结合建立 ERP 系统的集成管理阶段。随着互联网的发展和电子商务的出现，会计电算化正走向会计信息化的过程，原有的会计电算化管理办法已不能适应新的环境的需要。为推动企业会计信息化，节约社会资源，提高会计软件和相关服务质量，规范信息化环境下的会计工作,2013 年 12 月 6 日,财政部根据《会计法》《财政部关于全面推进我国会计信息化工作的指导意见》,制定了《企业会计信息化工作规范》,自 2014 年 1 月 6 日起施行。同时废止了 1994 年 6 月 30 日财政部发布的《商品化会计核算软件评审规则》与《会计电算化管理办法》。

信息化的价值和目标之一是取代手工作业和纸面文件,在该规范中,一方面对会计信息化问题做了许多原则性的规范,另一方面对电子资料代替纸面资料做了明确的规定,以适应当前会计工作的发展。该规范的发布从政策制度层面认可电子会计资料的有效性,免除企业对一定范围内会计资料的打印责任,是建设生态文明,促进社会整体信息化水平进一步提高的现实要求。为此,《企业会计信息化工作规范》第四十条与第四十一条在政策层面上对无纸化做了原则性规范,是会计信息载体工作规范的重要突破,对企业提高会计工作效率,乃至对整个社会的信息化应用的深入都将带来深刻的影响。

该工作规范第四十条内容如下所述。

企业内部生成的会计凭证、账簿和辅助性会计资料,同时满足下列条件的,可以不输出纸面资料。

(1)所记载的事项属于本企业重复发生的日常业务。

(2)由企业信息系统自动生成。

(3)可及时在企业信息系统中以人类可读形式查询和输出。

(4)企业信息系统具有防止相关数据被篡改的有效机制。

(5)企业对相关数据建立了电子备份制度,能有效防范自然灾害、意外事故和人为破坏的影响。

(6)企业对电子和纸面会计资料建立了完善的索引体系。

该工作规范第四十一条内容如下所述。

企业获得的需要外部单位或者个人证明的原始凭证和其他会计资料,同时满足下列条件的,可以不输出纸面资料。

(1)会计资料附有外部单位或者个人的、符合《中华人民共和国电子签名法》的可靠的电子签名。

(2)电子签名经符合《中华人民共和国电子签名法》的第三方认证。

(3)满足第四十条第 1 项、第 3 项、第 5 项和第 6 项规定的条件。

从这个规定来看,尽管无纸化是方向,但从会计资料作为会计核算结果的证据和线索具有保存价值来看,会计资料无纸化也不是无条件的。工作规范第四十条、第四十一条的规定有两层含义:一是会计资料可以无纸化管理;二是只有在保证会计事项可追溯、可证明的条件下,才能对会计资料进行无纸化管理。但同时,为了确保会计信息的安全、可靠,又在第四十二条规定:企业会计资料的归档管理,遵循国家有关会计档案管理的规定。由此可见,传统的纸介质存储方法在现在和未来一段时间仍将发挥重要作用。

三、面向未来的网络会计阶段

网络会计是依托互联网环境对各种交易和事项进行确认、计量和披露的会计活动。同时,它是建立在网络环境基础上的会计信息系统,是电子商务的重要组成部分,它能够帮助企业实现财务与业务的协同远程报表、报账、查账、审计等远程处理,事中动态会计核算与在线财务管理,支持电子单据与电子货币,改变财务信息的获取与利用方式,使企业会计核算工作真正走上无纸化的阶段。

网络会计是现代会计的发展方向,这种发展趋势对怎样保障会计工作质量提出了新的挑战。网络会计作为网络技术和会计应用相结合的高科技产物,其会计信息相对于传统会计有许多新的特征。

(1)会计信息的动态性。传统的会计信息由于受工作条件的限制,财务状况和经营成果一般要到当月会计业务结束之后才能从账上反映出来。在网络会计中业务信息实时转化,自动生成会计信息,使得会计核算从事后核算变为实时核算,静态核算变为动态核算,财务管理实现在线管理。生成后的会计信息将通过财务软件实时反映到企业公共信息平台上,信息使用者可以随时了解企业的会计信息,及时做出相关决策。

(2)会计信息多样化。传统会计由于其会计报表固有的限制,只能按照一定的格式提供,内容面向所有的用户,而无法考虑信息用户的偏好。网络会计中,使用者可以根据自己的需要获取相关会计信息,并可对这些信息做进一步的处理,既可获得财务信息,也可获得非财务信息。

(3)会计信息的共享和开放性。会计信息资源基于网络技术的发展而高度共享,财务与企业内部各部门协同,实现“数出一门,数据共享”的原则,企业的财务资源得到整合,效率得到提高。会计信息将具有更大程度的开放性和公开性,大量数据通过网络从企业内外有关系统直接采集,而企业内外的各个机构、部门也可以根据授权,通过网络直接获取信息。

网络会计的产生与发展改变了会计信息的载体和信息传递方式,大量的会计信息通过计算机直接产生或自动生成并存储在计算机上,会计信息通过网络传递,加快了信息处理、披露和使用,因而具有传统会计不可比拟的优势,但怎样保证会计信息的安全性、完整性,会计人员的适应性却面临以下几个问题。

(1)会计信息的安全性。当会计信息以电子化方式集中存储在系统中,会计信息通过互联网传递时,由于互联网的开放特性,连接在网络上的企业系统要面对来自外部更多的潜在威胁,系统各个方面都存在着潜在的威胁。

开放的系统有可能导致企业商业秘密被竞争对手获取;恶意软件如病毒、蠕虫、木马、间谍软件的侵入、计算机硬件和软件的故障和缺陷、用户的错误操作和对相关知识的缺乏都可使会计信息丢失。大部分信息的载体已由纸介质过渡到磁性介质和光电介质,而这些介质的保存有较高的要求,易受到高温、磁性物质、剧烈震动的影响,再加上计算机软、硬件更新换代频繁,隔代兼容的问题还未解决,因而会计信息能否安全保存和传递的风险性还很大。

(2)信息的完整性。在传统会计工作中,会计信息的真实性、完整性都记录在纸上,相关会计业务中的签字盖章都有据可查。而在网络会计工作中,在网络传输和保存中对电子数据的修改、非法拦截、窃取、篡改、转移、伪造、删除、隐匿等可以不留任何痕迹。电子签名使财务数据流动过程中签字盖章等传统确认手段不再存在。现有的内部控制制度和审计手段还不适应网络会计的发展。网络系统的开放性和动态性加大了审核取证难度,加剧了会计信息失真的风险。

(3)会计人员的适应性。会计工作将由主要从会计核算转向财务分析、决策和监督。这就要求会计人员必须更新知识结构,不断汲取新知识。会计人员还应当熟悉计算机网络和网络信息技术,掌握网络会计常见故障的排除方法及相应的维护措施,了解有关电子商务知识和国际电子交易的法律法规,具备商务经营管理和国际社会文化背景知识。目前,这样的复合型人才还非常缺乏。

在面向未来的网络会计时代,克服网络会计中存在的问题,构建法律、技术、人才等几个方面的会计信息保障体系,是我们现在需要迫切解决的问题。在法律层面上,应尽快建立和完善电子商务法规,以规范网上交易的购销、支付及核算行为。为了规范电子签名行为,确立电子签名的法律效力,维护有关各方的合法权益,中华人民共和国第十届全国人民代表大会常务委员会第十一次会议于2004年8月28日通过《中华人民共和国电子签名法》,自2005年4月1日起施行。该法规称为"中国首部真正意义上的信息化法律",自此电子签名与传统手写签名和盖章具有同等的法律效力。

2005年10月26日,中国人民银行制定了《电子支付指引(第1号)》,该规范自公布之日起施行。这些规范的发布,为保证网络会计的发展起到了重要的作用,但这还远远不能满足其发展的需要,我们还要借鉴国外有关研究成果和实践经验,制定出符合我国国情的网络会计管理的法规、准则,具体规定企业网上披露的义务与责任,网络会计信息质量标准要求、监管机构及其责任等,为网络会计的发展提供一个良好的社会环境。

在技术层面上,应当制定相关的管理制度、岗位职责和操作规程,加强软、硬件维护,注重会计资料的备份,防止计算机故障导致信息丢失。同时,应建立会计数据系统的防火墙,在企业内部财务网络和对外公开信息网络之间设立一道屏障,防患于未然。企业应重点加强对信息输入、处理、输出、存储的控制和管理,以保证数据的合法性和正确性。对于重要的信息数据应采用加密技术,以有效地防止企业商业机密的泄露。建立身份认证中心对系统用户进行确认,通过防病毒软件防止和清除恶意软件,应用数字证书和加密技术提供数据传输的有效性。

在人才层面上,应提高财会人员、管理人员对电子商务活动和网络会计的风险防范意识,建立风险管理机制,降低非安全事故发生的概率。国家必须重视对高素质、复合型会计人才的培养和开发。在高等教育中,应当加快调整现行的会计教育体系,重组会计人员知识结构,更新教育手段和方法,加大对现有会计人员的后续教育,以适应网络会计发展的需要。

第九章　会计的信息化发展

所谓信息化,是指对现代信息技术、信息资源进行的开发、利用,构建先进的信息基础设施,对信息资源进行优化配置,从而推进信息资源的整合与传播。当前,信息化已经成为我国经济发展工作的一个重要层面,并且在各行各业都得到了广泛的推广。同样,会计领域也迎接着信息化的浪潮。基于此,本章就将会计与信息化相融合,探讨会计的信息化发展问题。

第一节　会计信息化概述

所谓会计信息化,即通过运用信息技术,对会计数据展开收集、加工并传输与储存,从而为企业的经济运行与相关决策进行实时的、充足的、全面的信息服务。简单来说,会计信息化是网络技术、计算机技术、大数据技术、人工智能技术等在会计领域的运用,是会计的发展趋势。本节就对会计信息化的相关知识展开分析。

一、会计信息化特征

(一)普遍性

会计信息化包括了会计核算、会计监督、会计预测与决策等多个方面,并根据信息管理原理和信息技术重整会计流程,构建起适应会计信息化发展的完善的会计理论结构,在会计的所有领域全面运用现代信息技术,形成完整的信息化应用体系。

(二)集成性

信息集成包括三个层面:一是在会计领域内实现信息集成,不同会计门类(如财务会计和管理会计)之间协调和解决会计信息真实性和相关性的矛盾;二是在企业组织内部实现财务和业务的一体化,即集成财务信息和业务信息,在二者之间实现无缝链接;三是建立企业组织与外部利害关系人(客户、供应商、银行、税务、财政、审计等)的信息网络,实现企业组织内外信息系统的集成。信息集成的结果是信息共享。

(三)动态性

会计信息化在时间上的动态性表现为:首先,在 ERP 环境下,会计数据的采集是动态的、实时的。其次,会计数据的处理是实时的。在会计信息系统中,会计数据一经输入系统,就会立即触发相应的处理模块。对数据进行分类、计算、汇总、更新、分析等一系列操作,以保证信息动态而实时地反映企业组织的财务状况和经营成果。最后,会计数据采集和处理的实时化、动态化,使得会计信息的发布、传输和利用能够实时化、动态化,会计信息的使用者也就能够及时地做出管理决策。

(四)多元性

在会计信息化条件下,会计系统通过与企业内外各个机构、部门的信息接口转换、接受货币和非货币形态信息,提供历史信息、现时信息和未来信息;会计系统在采用主体认定计算方法的同时,如果需要亦可选用其他备选方法进行试算,比较差异;随着计算机多媒体技术的采用,会计系统除了提供数字化信息之外也可提供图形化信息和语音化信息。实现信息加工模式、信息传输渠道、信息表现形式的多元化。

二、会计信息化的发展过程

(一)会计电算化阶段

在这一阶段,信息技术应用的主要目的是实现会计数据处理的自动化,使用小型数据库,运行会计核算系统,其主要特征是会计软件处理方式完全模拟手工会计处理方式,此时会计的职能与传统会计相同,仍为记账、算账、报账等。

(二)业务财务一体化阶段

在这一阶段,信息技术应用的主要目的是实现事中的、实时的、动态的内部控制与信息报告,使用大型数据库和互联网,运行 ERP 系统,其主要特征是企业会计不再是一个独立的信息系统,而成为 ERP 系统的一部分,与业务系统高度融合与协同,此时会计的职能除了基本的核算、报告等职能外,更侧重控制与服务职能。

(三)事件驱动会计阶段

在这一阶段,信息技术应用的主要目的是实现为企业运营、管理与决策提供全方位的信息服务,使用数据仓库与云技术,运行事件驱动的信息系统,其主要特征是业务事件驱动数据的记录与处理过程,即先有信息需求,再根据需求对数据进行加工处理并报告。此时,会计的职能是实时采集经济业务的全部相关数据,为信息使用者提供全面的信息服务。

目前国内的会计信息化进程处于业务财务一体化阶段。

三、会计信息化的巨大意义

(一)对传统会计的意义

1.对会计理论来说

(1)对会计目标的意义。在会计信息化时代,会计的目标仍然是向信息使用者提供决策有用的会计信息。但在网络与经济高速发展的今天,在信息技术如数据库技术、人工智能技术、网络通信技术的支撑下会计信息处理将实现自动化、网络化、系统化,使预测与决策变得更容易、准确。然而,这种发展并未改变原有目标,相反它促进了传统会计目标的实现。

(2)对会计前提的意义。信息化对会计前提的影响主要包括会计主体、持续经营、会计分期等。在信息化条件下,网络技术的发展和普及不仅为会计信息的传播提供了条件,而且使企业的组织形态、经营方式等方面呈现外在的不确定虚拟化状态。网络交易的发展,导致会计主体界限越来越模糊,"网上公司"的外部虚拟化常常掩盖了其发生真正交易或事项的行为,经营活动常呈现短暂性,对持续经营的前提同样造成了影响,而且网络技术为使用者随时了解企业的财务状况、经营业绩提供了可能,因此会计期间在网络环境下可以进一步细分乃至按信息使用者的要求确定。

(3)对会计信息质量的意义。企业会计信息质量的基本特点包含及时性、相关性、可靠性等。在信息化环境下,随着现代信息技术的充分应用,会计核算的自动化使得会计工作的效率大幅提高,增强了及时性。会计信息和业务信息的整合集成,信息高度共享,增强了相关性。而网络财务报告、计算机审计等技术的发展,也使会计信息的可靠性得以提升。

2.对会计实务来说

(1)对会计核算方法的意义。由于传统的会计核算系统比较复杂,使得在计量方法的选择上,更多的企业主要考虑的是核算方便,而非方法本身的科学性与合理性,与此同时,在抄写凭证报表数据时也会浪费大量的人力资源。在信息化的环境下,会计系统是一个实时处理、高度自动化的系统,会计处理流程将运用集成化的会计软件,可以与业务处理流程实现无缝链接和实时处理,利用计算机可以采用手工条件下不愿采用甚至无法采用的复杂、精确的计量方法,从而使会计核算工作做得更细、更深。

(2)对会计分析方法的意义。在信息化环境下,现代信息技术能将社会经济活动的细节进行精确的记录、保存和传播,会计人员可以通过计算机分析会计信息,从中发现企业生产经营过程中的问题,对客观经营活动进行调节、指导、控制,减少资源浪费。通过分析用户的信息需求,会计人员不但可以制定有关的信息管理、储存和报告的规则,还可以制定在信息处理过程中用到的相关模型和方法等,并将这些结果经过信息系统的处理后传递给相应的用户。除此之外,还可以结合用户的实际需求,将数据加工成更为个性化的会计信息。

(3)对会计检查的意义。会计检查是对经济活动和财务收支所进行的一种事后监督,是会计核算和会计分析的必要补充。随着现代信息技术的普遍应用,企业可以实现对会计信息处理的自动化,简化工作流程,从而更加便于管理。各个管理、生产组织部门的数据信息都将通过网络直接进入会计处理系统,而对于企业的每个职工来说,既是会计信息的生产者也是会计信息的使用者,可以对企业的会计信息进行检查和监督。并且,企业的管理者也可以通过网络技术对企业的生产经营和会计处理过程进行科学的管理,及时发现存在的问题,并且采取有效的措施加以解决。

3.对会计工作环境来说

(1)对会计人员的意义。从表面上来看,会计的信息化只不过是将信息技术应用于会计核算工作中,减轻会计人员的工作负担,提高会计核算的速度和精度,以计算机替代人工记账。实际上,信息化绝不仅仅是核算工具和核算方法的改进,而必然会引起会计工作组织和人员分工的改变,促进会计人员素质和知识结构、会计工作效率和质量的全面提高。实行信息化,要求会计人员既要掌握会计专业知识,又要掌握相关的计算机知识、网络知识、信息管理知识等,因此,信息化将促进会计人员的知识结构向既博又专的方向发展,从而提高会计人员的素质。

（2）对内部控制制度的意义。其主要是内部控制的形式发生了变化：手工核算形式下会计人员按不同的分工，各司其职，组织会计工作的运转。而会计信息系统中的人员，除会计专业人员外，还有系统管理员和操作员等，按新的分工形式完成会计工作的运作。信息化后，会计的内部控制分为以组织控制措施为主的一般控制和以计算机控制程序为主的系统控制。

（3）对财务报告的意义。随着信息化的全面普及，财务会计与管理会计相结合，信息资源高度共享，信息使用者可以主动去获取符合自己需要的会计信息，财务报告将不再按对外对内进行区分，其列报方式也将有所改变。之前受人工信息处理能力的限制，会计报表往往局限于财务数据及其相关信息的说明，实现信息化后，会计信息从收集、加工、传递到综合利用都实现了信息化，从而可以在深度和广度上扩展财务报告的内容，如增加不同的会计方法所加工的多种会计信息、对会计信息按信息使用者的要求进行深化、细化等，使财务报告在经营管理决策中发挥更大的作用。

（4）对会计档案管理的意义。实行信息化后，会计档案和传统会计档案有很大的区别，具备磁性化和不可见等特点，因此需要建立适应信息化环境的会计档案管理制度，如会计档案打印输出制度、数据备份管理制度等，并且要做好相应的安全保密措施，防止会计数据丢失、泄露。

（二）对现代会计的意义

首先，实现会计信息化以后，会计信息系统将真正成为企业管理信息系统的一个子系统。企业发生的各项业务，能够自动从企业的内部和外部采集相关的会计核算资料，并汇集于企业的内部会计信息系统进行实时处理。会计将从传统的记账、算账的局限中解脱出来，从而更大地发挥会计的管理控制职能，让企业经营者和信息使用者可随时利用企业的会计信息对企业的未来财务形势做出合理的预测，为企业的管理和发展做出正确的决策。

其次，对于会计主体而言，特别是传统的会计主体不再是拥有实实在在的资金和厂房的企业，它还将包括一些网上的虚拟公司和网络公司。这些公司为了共同的目标，会在短时间内结合在一起，当完成特定的目标后会很快解散，它的持续经营、会计分期和货币计量的基本前提都将会受到冲击。实现会计信息化后，企业网与外界网络实现了互联，会计信息的使用者可以随时获取有关的会计信息。由于信息技术的全面应用，极大地提高了信息的及时性，信息的预测价值和反馈价值也大大提高，信息的流速也大大加快，有力地促进了经济管理水平的提高。另外，通过会计信息系统直接获取相关数据并进行分析，减少了人为的舞弊现象，从而也大大提高了会计信息的可靠性和信息的质量。

最后，实现会计信息化后，会计软件的处理流程将不再是单纯模拟手工会计的处理流程，会计也不再是孤立的系统，而发展为一个实时处理、高度自动化的系统，与其他业务系统和外界连接，可以直接从其他系统读取数据，并进行一系列的加工、处理、存储和传输。会计报告也可以采用电子联报方式进行实时报告，用户可以随时获取有用的会计信息进行决策，从而提高工作效率，促进经济的发展。

第二节 会计信息系统的开发与应用

从广义上来说，由于会计本身就是一个信息系统，会计信息系统也就等同于会计。但通常我们所说的"会计信息系统"是指狭义的，也就是计算机会计信息系统，而不包括手工会计等非计算机的会计处理方式。本节所讲述的会计信息系统指代的是计算机会计信息系统。

会计信息系统是一个面向价值信息的信息系统，利用信息技术对会计信息进行采集、存储和处理，完成会计核算任务，并能为企业提供进行经济活动管理和监控所需要的分析、决策用辅助信息。其核心部分是功能完备、性能良好、结构合理，并符合我国会计法和相关会计制度的会计软件。在信息社会里，企业会计工作中常规的、可程序化的任务将由会计信息系统进行自动化处理，同时会计信息系统还将辅助会计人员完成其他管理与决策任务。在企业资源计划环境下，会计信息系统是企业管理信息系统中一个重要的子系统。

一、会计信息系统的开发

（一）开发目标

会计信息系统是为企业服务的，会计信息系统的目标应服从于企业、信息系统、会计三者的目标。因此，会计信息系统的目标可以确定为向企业内部、外部的管理者和决策者提供所需的会计信息和有价值的非会计信息。在此目标下，会计信息系统的基本功能是利用各种会计规则和方法，加工来自企业各项活动的数据，产生会计信息，以辅助人们利用会计信息进行决策。而会计软件则是将这些会计规则和方法综合形成软件中的处理功能。

(二)开发组件

会计信息系统的组成部分包括计算机硬件、计算机软件、会计数据、会计人员、系统运行规范。

1.计算机硬件

计算机硬件是指进行会计数据输入、处理、存储及输出的各种电子设备,如输入设备有键盘、扫描仪等;数据处理设备有计算机主机等;存储设备有磁盘、光盘、U盘等;输出设备有打印机、显示器等。

2.计算机软件

计算机软件包括系统软件和应用软件两类。系统软件是保证会计信息系统能够正常运行的基础软件,如操作系统、数据库管理系统等。在会计信息系统中应用软件主要指会计软件,它是专门用于会计核算和会计管理的软件,是会计信息系统的一个重要组成部分,没有会计软件的信息系统就不能称之为会计信息系统,拥有会计软件是会计信息系统区别于其他信息系统的主要因素。

3.会计数据

会计数据是经济业务的记录,是会计信息系统的处理对象,通常也把经过会计信息系统加工处理、对决策者有用的会计数据称为会计信息,会计信息系统的目标就是向系统的一切使用者提供所需的会计信息。

4.会计人员

会计人员是指会计信息系统的使用人员和管理人员,包括会计主管、系统开发人员、系统维护人员、凭证录入人员、凭证审核人员、会计档案保管人员等。会计人员是会计信息系统的应用主体,如果没有一支高水平、高素质的会计人员和系统管理人员队伍,即使有再好的软硬件,会计信息系统也不能稳定、正常地运行。

5.系统运行规范

会计信息系统的运行规范是指保证会计信息系统正常运行的各种制度和控制程序,如硬件管理制度、数据管理制度、会计人员岗位责任制度、内部控制制度等。

二、会计信息系统的应用

(一)建立方式

会计信息系统的建立一般有如下几种方式。

1.自主开发

自主开发指企业自行组织人力、物力进行会计信息系统的开发设计工作,所开发的软件能够完全符合企业会计处理的特点,但成本很高,开发周期较长,并且容易模仿企业原有的会计处理流程,起点较低,不利于提升企业会计信息化水平。通常只有大型企业有特殊需求时才会采用此种方式。

2.购买商品化会计软件

购买商品化会计软件指企业在市场上选购适合本企业需要的商品化软件,经过实施后建立会计信息系统。购买软件相对于自主开发来说成本较低,建设周期短,但商品化会计软件不一定能完全符合企业会计处理的特点,通常中小企业都采用此种方式。

3.委托开发

委托开发指企业委托会计软件开发方(会计软件公司)根据企业的具体情况进行会计信息系统的开发设计,并负责会计信息系统的实施。委托开发结合了自主开发和购买软件两者的优点,目前大中型企业多采用此种方式。

4.租用服务系统

租用服务系统指企业无须自行开发或购买,而是向会计服务供应方租用系统和服务,通过网络将企业的会计数据上传到服务系统中,经过系统处理后再将所需的会计信息反馈给企业。随着互联网技术的发展,此种方式正逐渐引进国内,是未来中小企业信息系统建设的方向。

(二)实施步骤

会计信息系统的实施是指从信息系统项目立项开始直到新系统正式运行为止的所有阶段性工作,是一项复杂的系统工程,具体内容包括如下方面。

1.明确目标并制订计划

由于会计信息系统的建设既需要硬件和软件的大量投资,又需要人力的长期投入,因此在建设之前,需要规划好建设的目标,并对有关设备、人员和资金进行系统的总体规划,制订好实施方案。

2.对人员进行培训

建立会计信息系统意味着企业的管理和运作将使用一套全新的手段,因此要对所有相关人员进行培训,提高使用会计信息系统的能力,保证新系统的正常运行。

3.分析需求并进行业务流程优化

建设会计信息系统前必须了解和分析企业当前的业务处理流程,并在此基础上结合会计软件的功能,对当前业务流程进行重新调整和优化改进,以提高企业业务处理的效率、提升管理水平。

4.系统软硬件建设

系统软硬件建设包括计算机设备、网络、系统软件、数据库等软硬件平台的购置安装调试,以及会计软件的安装配置等。

5.试运行系统

会计信息系统建立后,需要进行一定时间的试运行,通过试运行检查系统是否充分满足企业的要求,相关人员对系统的操作是否熟练,系统是否存在漏洞等,发现问题并及时修改。

6.投入实际运行

经过试运行,确认会计信息系统能正常工作后,可以开始使用新系统,根据实际情况,可以停止使用旧系统或者并行一段时间再停止使用。在新系统开始运行后,还应定期进行审查,对运行中的问题及时处理和优化。

(三)应用管理

会计信息系统属于企业管理信息系统的一部分,因此其必然需要进行合理的管理。具体来说,需要注意把握如下三种制度。

1.会计信息系统岗位责任制

会计信息系统是一个人机系统,信息处理工作由会计人员和计算机共同完成,因此在会计信息系统中,需要根据企业实际情况和系统的需求设置有关岗位,进行岗位分工,明确会计人员各自的职责范围,使会计工作得以顺利开展。会计岗位一般分为会计信息系统主管、软件操作员、审核记账员、系统维护员、数据分析员等。

2.会计信息系统操作管理制度

会计信息系统操作管理制度具体包含如下三项。

系统使用管理制度:包括专机专用、杜绝无关人员使用计算机、配备不间断电源避免断电导致数据损坏、数据定期备份等。

上机操作管理制度:包括上机登记、密码管理、操作记录、输入数据及时核对、禁止在计算机上安装其他软件等。

会计业务处理程序管理制度:按照会计信息系统的处理流程,对会计人员的操作进行相应的规范,要求按时进行凭证录入、审核记账、账表处理和输出等。

3.会计信息系统内部控制制度

《中华人民共和国会计法》规定各单位必须建立健全内部会计控制制度。在会计信息系统中,内部控制相比传统手工会计的内部控制有很大的区别,会计处理的很多环节由人工改为计算机处理后,一些原有的内部控制措施如对账、试算平衡等失去必要性,或转入计算机内部。同时,由于现代信息技术的引入,又需要增加新的内部控制内容,整个内部控制的重心由对人的控制转向对数据的控制。具体的内部控制制度包括软硬件的管理、数据安全控制、操作人员权限控制、数据处理流程控制等。

第三节　大数据和人工智能技术对
会计信息化发展的影响

随着科技的进步与发展,大数据技术与人工智能技术在人们日常生活中的应用越来越广泛,尤其是在企业的经营中,这两大技术发挥了巨大作用,并推动着会计信息化向前发展。但是,在利用这两种技术的同时,不可避免地会为企业会计发展带来风险。因此,本节就来分析与探讨大数据与人工技能技术对会计信息化发展的影响,并分析具体的对策。

一、大数据对会计信息化发展的影响

(一)大数据简述

"大数据"是一个体量特别大、数据类别特别大的数据集,并且这样的数据集无法用传统数据库工具对其内容进行抓取、管理和处理。

1. 大数据的内涵

对于现代社会而言,大数据这一事实不再只是简单的代表着一组数据,其产生还可以带来其他方面的重大意义。人们通过对大数据的分析,可以进一步获取更多智能的、有价值的数据信息。当前时代,各种设备和应用的运作都会与数据产生关系,这些数据在数量、方式、速度层面上的呈现都加剧了大数据本身所具有的复杂性,因此掌握准确的分析大数据的方法也就更加重要了。可以认为,能否使用准确的分析数据的方法将决定所获取的信息结果是否具有最大的价值。换言之,分析方法成为决定数据信息价值的因素。在此看法的基础上,当前社会中常见的数据分析的方法有哪些呢?大数据分析的方法包括以下五个基本方面。

(1)可视化分析(Analytic Visualizations)。大数据分析的使用者有大数据分析专家,同时还有普通用户,但是他们二者对于大数据分析最基本的要求就是可视化分析,因为可视化分析能够直观的呈现大数据特点,同时能够非常容易被读者所接受,就如同看图说话一样简单明了。

(2)数据挖掘算法(Data Mining Algorithms)。这种数据分析方法目前已经成为大数据分析的一种核心方法。对各种不同的数据进行挖掘,进而展开计算,其科学依据是数据的不同类型以及格式,这些方面是大数据本身特点的突出反映。这一统计方法是当前世界各个国家统计专家所公认的一种统计方法,利用这一方法可以深入到信息数据的内部,进而找到数据的真正价值所在。另外,正是通过这一方法,人们可以在计算数据的基础上对这些数据展开快速处理并尽快得出想要的结果。如果一个数据计算方法得出结果需要花费好几年的时间,那么大数据的价值也就不复存在了。

(3)预测性分析(Predictive Analytic Capabilities)。大数据分析最重要的应用领域之一就是预测性分析,从大数据中挖掘出特点,通过科学的方法建立模型,之后便可以通过模型带入新的数据,从而预测未来的数据。

(4)语义引擎(Semantic Engines)。大数据分析广泛应用于网络数据挖掘,可从用户的搜索关键词、标签关键词,或其他输入语义,分析、判断用户需求,从而实现更好的用户体验和广告匹配。

(5)数据质量和数据管理（Data Quality and Master Data Management）。大数据本身的质量以及对这些数据进行管理的意义是十分重大的。只有通过对高质量的数据展开分析与管理,所得出的结果才能有效运用到学术领域或者商业领域中,这些结果的价值与作用才能真正得到体现。

以上方面就是大数据得以分析和应用的基础所在,当然上述方面也不是全部概括了大数据分析的作用。随着时代以及社会的快速发展,人们通过对大数据的深入分析,将会找到并发现大数据本身更加深厚的价值以及特点,当然这些价值的发现离不开合理、准确的数据分析方法的使用。

2.大数据的特点

要理解大数据这一概念,首先要从"大"入手,"大"是指数据规模,大数据一般指在10TB（1TB＝1 024GB）规模以上的数据量。总之,大数据指的是大型的数据集合,它具有如下特点。

(1)体积庞大。通常,体积庞大指的是大数据一般为10TB以上规模的数据。然而,在现实生活中,各个地区的大型企业联合起来,将自己所拥有的数据都集合在一起,从而形成了PB级别的数据形式。

(2)类别大。类别大指的是大数据的来源是多种多样的,现实生活中各个领域中所产生的数据都汇集起来,并且在种类以及格式上越来越丰富。当前,大数据的类型已经超越了以往人们心目中的数据结构范畴,不仅包括半结构化数据,而且还包括非结构化数据形式。

(3)对数据的处理速度非常快。当数据的规模和数量非常庞大时,人们同样可以利用当前的科技来快速处理手中的数据,从而获取自己的结果。

(4)具有真实性。当社会生活中出现了以企业内容为数据、以社交为数据、以应用为数据的来源之后,人们心目中的传统数据定义已经被推翻了。大数据来源于现实生活中,使得自身的真实性得到有效保证,进而人们通过真实数据所获取的结果也往往是有效和有价值的。

当然,大数据的鲜明特点并不仅仅局限于数据大或者4V这类的简单论述中。大数据的鲜明特点还体现在人们可以利用各种大规模的数据来实现一定的目的,而这种目的通过小规模数据往往是无法实现的。换言之,人们可以利用大数据对海量的数据展开分析,取得令人瞩目的价值,进而为社会提供更大的服务,在逐步的改革中形成一种变革的力量。

3. 大数据的价值

(1) 挖掘市场机会。企业团体通过分析大数据可以充分挖掘市场，同时对市场展开进一步分化，针对市场上的不同群体制订有针对性的销售行动。企业获得产品创意的基础，就在于充分掌握消费群体的购买需求，那么如何来获取这种信息呢，如何有效挖掘出人们心中的消费品概念呢？其中一个有效的方法就是利用大数据。通过分析大数据，人们可以了解消费者的生活和消费习惯，掌握消费者的购买密码，进而为消费者提供满足他们需求的产品。如果企业能够掌握消费者的消费密码，那么这家企业就可以了解消费背后客户的真正需求。简言之，大数据是企业确定供应商、创新产品、确定消费客户、把握消费旺季的有效方法之一。对大数据进行快速、高密度分析和调查，所得出的结果可以帮助企业准确、及时地获取数据。通过分析大数据并统计结果，企业可以进一步挖掘和细分市场，进而大大提升企业的整体商业模式，在产品以及服务上为消费者提供更贴心的服务，而且还可以有效缩短产品的研发时间。通过大数据，企业的商业决策水平得到了大幅度提高。据此可知，大数据可以帮助企业开拓新的商品市场，帮助企业合理利用各方面的资源以及目标市场，有助于企业制定精准的销售策略，有助于企业降低经营上的风险。

(2) 提高企业决策能力。通过大数据制定决策具有一定的特点。首先，从量变发展到质变。人们大范围挖掘数据，同时根据数据获取信息，自然所获取的信息完整度比较高，依据这种完整信息进行决策，那么决策的合理性就大大提高了，人们不会再盲目拍脑袋决策重要事情了。其次，决策的知识含量、技术含量大大提高。云计算的普及为人们提供了很大的方便，对于海量的数据信息，人们不再手足无措，通过云计算人们就可以顺利处理和驾驭海量的数据，进而通过数据来制定产生较高价值的决策和信息。最后，大数据为人们确定了很多在以前看起来难以确定的重大方案。例如，人们想要做一个准确的经济计量模型，那么就需要建立在企业、居民、政府各个方面的决策以及行为数据的基础上，进而通过对数据的分析得出一个最佳的方案。

(3) 创新企业管理模式。当前，已经很少有企业还像以往那样要求员工了，即无条件服从上级指示，也很少有企业高层通过中层管理来掌控下属以及传递信息。传统的企业管理模式已经过时，在当前信息大爆炸的时期，如果再对员工进行严格控制，严谨他们猜测或者传播内部小道消息往往是不明智的，因为这显然会大大降低企业的工作效率。社会管理学家认为，企业内部的关系就两种：一种为成本中心，另一种为消耗中心，如果一个企业无法有效掌控这两个中心,即降低成本以及消耗,那么在当前瞬息万变的竞争环境下,这种企业是很难得到长久生存和发展的。当前,科学技术的飞速发展大大提高了机器的性能,机器的效率由芯片来决定,管理系统从最初重视系统完整以及各个部门之间的配合关系,到现在已经发展为注重人脑的运用或者机器的使用,通过把控信息流程来充分满足职工的要求,进而激发更大的创造力。对于企业管理而言,搜集以及传递信息是关键,而这一任务的完成现在就可以充分依赖大数据技术。大数据的本质就在于对内部信息数据进行挖掘、关联以及整合,在此基础上创造新的价值。可见,管理与大数据在特征上体现出高度的契合性,在一定程度上可以认为大数据已经成为企业管理的又一个重要工具。因为对于当前的任何企业而言,信息已经成为一种财富,企业家只有从整个企业的大局着眼,充分利用大数据的信息价值,在决策上果断,才能为企业的未来发展提供更好的决策服务。

(4)变革商业模式。在当前的信息技术革命下,大数据的普及成为价值的核心,人们通过数据更新了商业模式,新型商业模式大量出现。企业只有准确把握市场所出现的良好机遇,利用大数据来更新整体的商业模式,才能在大数据时代创造出更加辉煌的成绩。企业可以充分利用大数据来更新产品,提升服务质量,充分改善企业在消费者心目中的形象,同时还可以利用大数据来发明崭新的商业模式。纵观 IT 技术的发展历史可以得知,每一次 IT 领域的技术变革都将对企业的商业模式带来彻底的改变和影响。企业利用大数据的分析技术可以挖掘、分析、整合自身的各种数据,建立一个完善、系统的数据系统,这将有助于企业自身结构以及管理体系的巩固与完善。另外,随着消费者个性消费需求的大幅度增长,大数据越来越显示出自身的作用与价值,并已经在逐步改变着很多企业的发展路径以及商业模式。例如,利用大数据可以对柔性制造技术的个性化定制路径进行完善,进而对制造企业进行升级改造。通过大数据技术可以建立和完善现代物流体系,如此可大大提高传统物流的效率。

(5)拓展个性化发展。以前,人们看病的时候医生给出的诊断结果往往都是当前的,现在利用大数据,医生可以对患者以往的所有就诊数据进行分析,进而根据遗传变异、特定疾病以及特殊药物的反应等之间所具有的关系,实现一种个性化的治疗。此外,医生还可以在患者出现某一种疾病的症状之前,为患者提供及时的检测与诊断。早期的发现与治疗将会大大减少卫生系统的负担,因为早期治疗费用远远小于后期的治疗费用。

在大数据技术的大力支持下,教育体系将发生翻天覆地的变化:可以实行弹性学制、对学生进行个性化辅导、开展家庭与社区学习等。通过大数据,教育体系中的教师可以根据学生个人的特点来制订学习计划,从而充分发挥学生的天分以及学习能力。

此外,有学者还提议政府部门应该尽力去补充数据库的内容。因为政府在以往可以对财政提供补贴,那么现在对数据库同样可以提供补充,进而实现创意服务。例如,美国当前就有完全依靠政府建立的数据库,这些数据库可以为企业提供各种各样的数据,这些数据还可以为个人、消费者提供生活上的便利服务,这不得不说是一种创新。

(6)大数据有助于驱动智慧和谐社会。美国作为全球大数据领域的先行者,在运用大数据手段提升社会治理水平、维护社会和谐稳定方面已先行实践并取得显著成效。近年来,在国内,"智慧城市"建设也在如火如荼地开展。在治安方面,人们可以利用大数据来监控、管理、分析犯罪的信息与模式,对犯罪的趋势进行有效预测,目前国内很多地区都已经开始利用大数据的价值来打击犯罪行为了,如北京等。在交通方面,人们可以收集公交车、地铁站的刷卡记录,同时根据对停车收费站、道路摄像头等信息的整理来预测交通规则,对交通线路进行合理设计、调整发车密度、控制车流状况,从而及时对交通拥堵进行梳理,减少城市交通的负担。在医疗方面,很多城市已经对病人的档案实现数字化管理,对临床病人的各种状况进行数据收集和分析,有助于医疗研发、远程诊疗等程序的进行。

(二)大数据对会计信息化发展的意义

大数据是近些年来的一个新兴概念,其是信息大爆炸时代特征的反映,以云技术、互联网为依托,传输与应用海量的数据。在这样的背景下,会计也必然会受到影响,并且会计工作者的工作效率也大大提高。具体来说,大数据对会计信息化发展的意义如下所述。

1. 降低会计信息化运行成本

建设会计信息化系统,必然需要计算机技术、网络技术的支持。而网络计算机技术基础的花费源于两个层面:一个是硬件购买,另一个是软件建设。软件建设的费用较高,并且对软件的运行也是一个长期的任务,相关人士需要具备专业技能,需要投入大量的时间展开操练,也必然需要投入大量的资金,因此很多企业尚且不能开展独立的软件建设。

大数据时代下,企业通过云计算、互联网技术,在各种资源中获取信息,以满足自身需要。他们不需要投入大量的资金,只需要一些研究人员与一定的时间,付少量的费用就可以进行软件建设,从而享受大数据对会计信息化产生的便利。

2.为企业提供财务资源共享平台

近些年,全球化进程在不断加快,跨国企业迅猛发展,并且在全世界建立了很多分公司。这些跨国公司可以利用大数据技术,为企业建构一个云端的财务共享系统,让子公司对总公司的运行情况有所了解,从而更快捷地处理资金问题。

对于会计行业来说,运用大数据技术可以有效地推进企业建构财务资源共享平台。利用这一平台,企业的各个公司之间能够有效进行资源共享。简单来说,这一平台的建立为企业的会计信息化提供了丰富的数据和资源,便于会计展开下一步的工作。

3.提高会计信息化的工作效率

大数据时代下,很多企业通过网络可以实现互联网信息的共享,从而方便获取资源与信息,减少人们在传统图书馆中寻找资源所耗费的精力与时间,提高会计信息化的效率。

对于会计人员来说,他们可以运用大数据技术快速建立财务报表,使各个部门间共享会计信息技术人员提供的资源与数据,将烦琐的流程加以简化,提升自身的工作效率。

对于一些跨国企业而言,大数据超越了时间、空间等的限制,有助于不同地区的人们同时处理同一份文件,可以加强彼此之间的沟通与协作,提高彼此的工作效率。

(三)大数据背景下会计信息化发展的问题与应对策略

大数据时代下,会计信息化现象越来越凸显。大数据技术的运用使会计业务的工作效率越来越高,也逐渐降低了相对应的消耗成本,但是也必然会带来一些风险,下面就来分析这些风险问题,进而分析具体的应对策略。

1.大数据背景下会计信息化发展的问题

(1)会计信息化共享平台存在安全隐患。大数据会计信息化共享平台是会计信息与资源共享的重要基石,因为企业之间只有以平台为依托才能实现资源共享,当然会计信息化中也需要依托资源共享。以网络作为载体,会计的工作变得更为快捷,但是一些安全隐患也是不可避免的。如果网络出现漏洞,那么就必然会造成会计信息的泄露,有些竞争企业甚至会运用黑客对其他企业的会计信息进行窥探,最终必然会造成企业的经济损失。同时,一些企业对会计人员的网络信息安全意识的培养也未加以重视,因此导致未能做好网络系统升级与防火墙修护。

除此之外,当前很多会计信息化共享平台以用户名、密码作为保护手段,但是这一手段本身是存在安全隐患的,容易受到木马入侵,导致企业很少运用这一平台,这在一定程度上限制了会计信息化的发展。

(2)法律规章制度建设落后。对于会计信息化的发展来说,国家的法律法规是其重要的保障依据,虽然近些年已经颁布了一些相应的法律法规制度,并且在财务纠纷中得到了应用,但是在实际的应用中仍旧存在一些不足。

具体来说,现有的一些法律规章条款不够详细、明确,在实践指导环节未发挥应有的作用。同时,随着云计算、大数据技术的发展,与之对应的法律法规制度仍旧不足,未能有效解决会计信息化存在的问题。因此,这些都给会计信息化的发展带来了不利影响。

(3)会计人员整体素质不高。随着现代化科学技术的发展,计算机越来越普及,会计信息化发展成为企业合理化管理的重要路径,通过计算机对会计信息数据加以处理具有重要的时代意义。这也在一定程度上对会计工作人员提出了更高层次的要求,但是当前的会计工作人员认知水平、能力水平还有所欠缺,无法与当前的会计工作要求相符,这不仅降低了自身工作的效率,甚至还会出现会计数据计算不准确的情况,最后直接影响企业的健康发展。

2.大数据背景下会计信息化发展的应对策略

(1)完善共享平台,注重信息安全。大数据时代下,共享平台无疑成为今后会计信息化发展的重要趋势之一,为企业的会计核算带来便利。通过共享平台,合作企业可以传输信息与资源,推动资源整合,解决企业之间资源、信息不对称情况。

为了避免风险因素,共享平台的建设需要多方通力合作。第一,政府部门应该提供资金与技术支持。第二,企业之间对共享平台的推动作用持有正视态度,对共享平台的缺点进行补足,让共享平台能够真正推动会计信息化的发展。

除此之外,为了推进会计信息化的发展,企业应该对信息的安全防护予以侧重。一方面,企业要对会计数据采取隔离措施,对数据进行秘钥处理。另一方面,企业应该保证用户认证机制的安全性,通过动态密码、U盾等,避免出现擅自访问问题。另外,企业应该严防黑客攻击与病毒入侵,通过网络隔离、杀毒软件等实施防护,实现对会计信息化数据的安全管理。

(2)完善相关的法律法规制度。针对当前会计信息化法律法规的缺乏,我国政府应该正视这一问题,在对我国会计信息化发展情况有清楚了解的基础上,推进相关的法律法规的出台,让企业在会计信息化发展中真正做到有法可依,受到法律的保护。

但不能忽视的是,除了对会计信息化制定相关法律法规,国家也应该注重信息安全,为会计信息化制造一个安全的环境,从而防范风险,保障国家利益免受损失。

(3)提高会计工作人员的综合素质。在会计信息化的发展中,会计工作人员为主要的参与者,会计人员的综合素质对会计信息化发展有着直接的影响。当前,提高会计工作人员的综合素质,提升他们新时期良好的会计基础与操作能力,是推进会计信息化的重要路径。

要想提升会计工作人员的综合素质,需要做到如下几点。第一,做好会计信息化的宣传工作,提升他们的责任意识,调动会计工作人员的积极性与主动性。第二,提升会计信息化建设的投入,定期对会计工作人员进行教育与培训,建立交流共享平台。第三,制定相应的奖惩机制,明确会计工作人员的岗位职责,提升他们的工作能力。

二、人工智能对会计信息化发展的影响

(一)人工智能简述

随着人工智能的出现,很多学者对其进行了界定,但是至今并未形成一个统一的观点。

1956年,在美国达特茅斯学院召开的有关人工智能的会议上,约翰·麦卡锡教授对人工智能的定义进行了说明,他认为人工智能是人造机器表现出的与人智能行为类似的自主智能性行为。

美国萨塞克斯大学的博登教授认为,人工智能是让计算机实现人类心智能够做的各种事情。[1]

我国学者李德毅院士认为,人工智能是人类的各种脑力活动与智能行为,如记忆、感知、判断、情感等,都可以用某种物化的机器予以人工的实现。[2]

将人工智能分为"人工"与"智能"两个部分之后,其定义更容易被理解,

---

[1] [英]玛格丽特·A.博登著,刘诗惠译.人工智能的本质与未来[M].北京:中国人民大学出版社,2017:2.

[2] 李德毅,杜鹃.不确定性人工智能[M].北京:国防工业出版社,2005:2.

前者即人为的；后者在这里特指人类的智能，其包含人的智能行为，如学习、图像识别、解决问题等，也可指人的内部认知过程，如记忆、知觉等。因此，人工只能就是研究编制能够模拟人的智能行为的计算机程序系统，并用某种物理机器予以人工的实现。

（二）人工智能对会计信息化发展的意义

随着人工智能应用技术的发展，以及传统会计工作人员对未来的担忧，使人工智能与会计核算与监督工作的结合成为必然。通过人工智能技术，可以更好地明确会计信息化、智能化未来发展的趋势，更好地帮助会计工作人员完善自己的工作，提升自己的工作效率。

1.处理会计信息与账目的效率更高

人工智能的运用使基础会计核算更加便利，对信息处理能力较强，如银行业由于金融业务广泛，会产生较多的财务信息与明细。由于这些复杂性，必然需要实行会计信息化，这样可以降低传统会计工作人员的负荷。人工智能的应用，有助于将公司的生产环节、销售信息、供销网络等都录入系统，同时将优化的结果加以呈现与反馈，消除管理层与财务部门的沟通障碍，解决会计信息核算的难题，提升会计工作人员的核算效率。

2.有助于形成企业会计信息与政府监督机制的联动

在会计监督过程中，事实认定环节尤为重要，这要求企业对会计资料或数据有明确的评判标准，如哪个地方存在问题，那些需要改进。在传统的会计监督体系下，会计人员需要对企业经营中的总资产、流动与非流动资产、总负债、流动与非流动负债等做出合法、合理的分析，适时了解自己的会计信用等级，明确以往会计监督中的不合理成分等，但是由于工作效率低，往往监督效果差，同时无法与政府监督机制相契合。人工智能的应用在一定程度上防止人为因素的介入对会计监督工作的影响，能够很好地与外部监督机构、政府部门通力合作，从而推进现代企业会计监督的有效实施。

3.使会计信息得到更好的保障

人工智能是一个庞大的信息化体系，基于人工智能构建会计信息系统为现代企业会计信息数据的安全提供了有力保障。在人工智能下，会计信息更为安全，为会计信息建构了反病毒、反垃圾网络信息，同时能够保障客户信息资料的安全，提供互联网安全解决方案，并为企业配置相关的安全产品，这些都有助于会计信息安全技术体系的形成，更好地保障会计信息安全。

（三）人工智能背景下会计信息化发展的问题与应对策略

在财务管理中运用人工职能可以使传统的会计处理迈上一个新的台阶。人工智能在财务管理中的应用不仅体现在对财务管理硬件的改进，更在于对财务管理理念的革新。会计信息的精准、数据分析效果的智能化为企业发展提供了更科学的依据。但是由于人工智能技术仍旧处于起步阶段，其在会计信息化中的运用还需要进行不断的探索，而探索的过程必然充满了挑战。

1.人工智能背景下会计信息化发展的问题

（1）人工智能理念在会计信息化管理中尚未成型。人工智能的概念产生于 20 世纪 70 年代，并在各行各业、各个领域渗透。过去的人工智能只存在于科幻小说之中，对于人类智慧的模仿，人们既渴望又恐惧，但是随着时代的发展，人工智能的面纱被揭开，人们逐渐转变了对人工智能的态度。但是在实际的运用中，由于人工智能技术处于起步阶段，更多人仅限于对其非常好奇，而未将其作为一种发展技术而广泛运用。在现代信息化发展的背景下，会计信息化水平不断提升，人工智能的介入可谓是水到渠成的事情，但是很多企业仍旧处于观望态度，对其中的利弊分析得不够透彻，从而严重影响了人工智能技术在会计信息化中的运用。

（2）会计信息化管理软件之后，影响了人工智能的运用。人工智能要想应用于会计信息化管理之中，就必然需要一定的硬件条件，但是在目前的会计信息化管理中，其信息化软件较为滞后，因此严重影响了人工智能技术的普及。例如，目前国内企业普遍应用的会计信息化管理软件，在模块设计上主要有总账、报表核算、成本核算等，会计工作人员可以通过人工录入实现数据的整合，但是其会计信息化工作主要局限在会计核算环节，由于缺乏管理内容，使企业在采购、生产、经营等层面很难获得有效的会计信息，而人工智能程序虽然能够在基础会计核算中发挥作用，但在会计信息管理领域的应用还有所欠缺。

（3）人工智能的应用使会计信息安全受到威胁。与信息技术发展应运而生的必然是安全问题，任何一个软件系统都不可能是完美的，其中必然存在某些漏洞，并且这些漏洞很容易让黑客进入。就某种角度而言，软件的更新就是针对系统入侵而形成的。企业管理的核心在于会计信息管理，如果会计信息出现泄漏，那么必然会给企业带来巨大的经济困难，但是当前的会计信息化发展过程中，这些漏洞如果防护不到位，很容易被入侵，甚至遭到恶意攻击。

（4）人工智能对会计工作人员具有一定的替代性。人工智能的介入使会计工作人员的工作更为快捷，但是在减轻他们负担的同时，会计工作人员的工作也会被某种程度的替代。虽然人工智能还不具备自主学习能力，但是其智能化识别信息、分析数据的能力非常强大，这对于人脑来说是很难实现的。因此，当前的很多会计工作人员对人工智能的"入侵"持有否定态度，认为自己的工作岗位遇到了威胁。

2.人工智能背景下会计信息化发展的应对策略

（1）提高认识，明确人工智能与会计信息化发展的趋势。随着时代的发展，人工智能已经成为会计信息化发展的题中要义，因此各个企业都应该持有端正的姿态，从时代的发展与自身需要出发，给予人工智能充足的空间。

人工智能为会计信息化发展提供了重要方向，使会计工作人员从繁重的工作压力中解脱出来，提升了会计信息传递的效率。当然，对于会计信息化来说，社会分工的需求要求企业在发展中应该与人工智能研发机构紧密结合，避免人工智能在"跨界"过程中遇到阻力，丧失其核心优势。另外，还要看清人工智能对企业会计信息化发展思路的转变，利用网络思维对人工智能进行评估，从而进一步优化会计信息化管理。

（2）改善会计信息化管理硬件条件，发挥人工智能的作用。会计信息化管理的重要趋势在于实现从核算会计转向管理会计。人们对于人工智能的希望不仅限于替代重复的工作内容，还在于对其学习能力的挖掘与应用，能够自动整合、识别数据，做出决策。在会计信息化发展中，企业不仅要增加人工智能研究的投入，还要对会计软件进行优化，以迎合时代发展的要求。

（3）科学分析人工智能的漏洞，保证会计信息安全。在人工智能背景下，会计信息管理不能因噎废食，不能因为其存在威胁就完全否定其价值。人工智能作为一段程序，必然存在某些漏洞，因此在技术研发中，应该将"大门"关严，不断进行技术层面的革新，做好防护措施，以保证会计信息的安全。

（4）提高会计人员素养，合理应对人工智能入侵。会计工作具有严谨性与及时性，会计人员在操作中不仅涉及多个程序，更涉及多个烦琐的记录，正是由于这些沉重的负担，使会计人员更加期待人工智能的时代，利用人工智能实现会计信息的整合。而人工智能时代的到来，会计工作人员并没有显得多喜悦，而是充满了担心，因为其对会计工作人员提出了更高层次的要求，会计工作人员必须对自己的职业进行重新规划。首先，他们应该提高自己的会计电算化水平；其次，他们应该从单一的财务会计转向复合型人才，发现自身的不足，重新审视自我，实现自己的价值。

参考文献

[1][美]布里格姆,休斯顿.财务管理[M].北京:中国人民大学出版社,2014.

[2]陈强.企业财务会计:微课版[M].北京:人民邮电出版社,2019.

[3]丛爱红,周竹梅.基础会计学[M].北京:清华大学出版社,2019.

[4]盖地.税务会计(10 版)[M].北京:首都经济贸易大学出版社,2016.

[5]盖地.税务会计与纳税筹划[M].大连:东北财经大学出版社,2017.

[6]盖地.中国税制(2 版)[M].北京:中国人民大学出版社,2015.

[7]郭松克.会计学原理[M].北京:北京大学出版社,2014.

[8]李德毅,杜鹃.不确定性人工智能[M].北京:国防工业出版社,2005.

[9]李广建,化柏林.大数据时代:新思维与新管理[M].北京:中国人事出版社,2016.

[10]李岩.税务会计:原理、案例与实务[M].北京:人民邮电出版社,2017.

[11]刘继周,吕永红.会计基础知识[M].北京:中国商务出版社,2018.

[12][英]玛格丽特·A.博登著,刘诗惠译.人工智能的本质与未来[M].北京:中国人民大学出版社,2017.

[13]裴永浩.财务会计理论与实务[M].北京:中国经济出版社,2012.

[14][加]斯科特(Scott,W.R.)著,陈汉文等译.财务会计理论(第3版)[M].北京:机械工业出版社,2006.

[15]唐晓,何俐利.税务会计(4版)[M].北京:机械工业出版社,2017.

[16]汪静.财务会计[M].北京:人民邮电出版社,2010.

[17]吴坚真,柳建启,唐霏.税法与税务会计(8版)[M].广州:广东高等教育出版社,2017.

[18]吴水澎.会计理论[M].北京:机械工业出版社,2007.

[19]谢丽安,危英,吴蓉频.财务会计实务[M].北京:中国铁道出版社,2017.

[20]徐泓.基础会计学[M].北京:机械工业出版社,2018.

[21]杨雄.中小企业会计实务[M].北京:北京理工大学出版社,2011.

[22]姚林香,席卫群.税收筹划教程(2版)[M].上海:复旦大学出版社,2016.

[23]于家臻.会计基础[M].北京:电子工业出版社,2015.

[24]张虹,陈艳秋.基础会计学[M].北京:经济管理出版社,2014.

[25]张捷,刘英明.基础会计(6版)[M].北京:中国人民大学出版社,2019.

[26]周竹梅.基础会计学[M].北京:清华大学出版社,2019.

[27]朱辉,王莉莉.财务会计理论与实务[M].北京:人民邮电出版社,2014.

[28]郭箭.企业所得税会计处理方法研究[D].太原:山西财经大学,2006.

[29]张开.人工智能的技术应用批判[D].沈阳:沈阳工业大学,2019.

[30]范晓军,朱文英.个人所得税的会计处理[J].经济研究导刊,2014,(27).

[31]顾秋琴.探析完善会计科目体系设置的思路[J].当代会计,2018,(9).

[32]何良茜.探析大数据时代下会计信息化的风险因素及防范措施[J].教育理论研究,2019,(5).

[33]黄成.大数据时代会计信息化面临的风险及对策[J].财会研究,2019,(20).

[34]姜海威.大数据下企业会计信息化风险及防范[J].中国中小企业,2019,(8).

[35]李晓莉.大数据时代会计信息化面临的风险及对策[J].现代营销,2019,(2).

[36]刘欢.大数据时代下企业会计信息化发展的影响分析及对策探讨[J].现代营销,2019,(1).

[37]邵佳佳.企业所得税会计处理方法探讨[J].财会研究,2014,(7).

[38]涂伟.人工智能在会计核算与监督中的信息化应用分析[J].金融经济,2018,(14).

[39]王强花.人工智能时代财务会计向管理会计转型的探讨[J].现代商业,2019,(17).

[40]吴金克.论人工智能与财务信息化[J].财会学习,2018,(11).

[41]袁照周.浅谈大数据时代企业会计信息化风险与防范[J].财经界,

2019,(12).

[42]张菁雯.大数据时代下会计信息化存在的风险及防范措施[J].财经界,2019,(7).

[43]张微.浅谈手工记账与会计电算化的比较分析[J].中外企业家,2019,(18).